中国历代名家作品精选

金农

主编 牛志高

全国百佳图书出版单位
安徽美术出版社

金农（1687—1763），清代书画家，扬州八怪之首，是扬州八怪的核心人物。原名司农，字寿田；39岁后，更名为农，更字寿门，一生所署之斋馆别号众多，有冬心先生、江湖听雨翁、金牛湖诗老、稽留山民、曲江外史、昔耶居士等，钱塘（今浙江杭州）人，布衣终身。好游历，卒无所遇而归。晚寓扬州，卖书画自给。嗜奇好学，工于诗文书法，诗文古奥奇特，并精于鉴别。书法创扁笔书体，兼有楷、隶体势，时称“漆书”。其画造型奇古，善用淡墨干笔作花卉小品，尤工画梅。

金农人生际遇坎坷，平生未做官。他在诗、书、画、印以及琴曲、鉴赏、收藏方面都称得上是大家。他五十岁才开始学画，由于学问渊博，浏览名迹众多，又有深厚的书法根底，终成一大家。但是金农并没有想做一个专门的画家的意思，他不过是将文人的遣兴墨戏，在无奈中做了乞米的手段而已，因之他的绘画远不是那么法度森严和功力卓著。然而，也正是如此，他的绘画形成了自己的特色。其画造型奇古，善用淡墨干笔作花卉小品。初画竹，继画马、画佛像、画梅。金农从小研习书文，文学造诣很高。他的书法作品较扬州八怪中的其他人来说，传世作品数量是非常少的。然书法造诣却在“扬州八怪”中成为最有成就的一位，特别是他的行书和隶书均有着高妙而独到的审美价值。他独创一种“渴笔八分”，融汉隶和魏楷于一体，这种被人称为“漆书”的新书体，笔画方正，棱角分明，横画粗重而竖画纤细，墨色乌黑光亮，犹如漆成。这是其大胆创新、自辟蹊径的标志。金农的行书从其早期开始就不入常格，而以碑法与自家的“漆书”法写成的行草书，用笔率真，随心所欲，点画狼藉而又笔墨醇厚，粗头烂服之间，透出苍逸稚拙之趣，令人叹服。

序 言

中国的绘画艺术，源远流长，史迹斑斑，文献足征。“解衣般礴”的典故，出于庄周，流衍至今；“画鬼魅易，画犬马难”的名言，出于韩非，久已播传人口。昭君出塞的故事，说明早在汉代，已有相当精妙的肖像画。到了两晋、南北朝，六朝金粉，王谢风流，绘画书法，都达到空前绚烂的境界。王羲之以书圣名世，同时也是画家；顾恺之画名震烁一代，谢安叹为“苍生以来，未之有也”。自此以后，历朝历代，名家辈出，名作如林，有若星月交辉，共同创造了灿烂的东方文化菁华。

在中国绘画中，人物画是极其重要的一个画种，也是最为古老的画种，其发展经历了一个漫长而璀璨的过程。东晋的顾恺之是有作品传世的早期著名人物画家，他的原作真迹久已失传，但留有《女史箴图》《列女图》等宋代以前摹本可大致见其艺术风貌。到唐代，有阎立本、吴道子、张萱、周昉等人物画名家，较著名的有《历代帝王图》《捣练图》《簪花仕女图》《虢国夫人游春图》等，可以见到唐代人物画达到的高度艺术水准。五代人物画的杰作有顾闳中的《韩熙载夜宴图》。其他如明代“写真”代表作——曾鲸的《张卿子像》，作者融合西洋画法，创造了更重墨染和体积感的“凹凸法”，为中国传统肖像画开辟了新路子。中国古代人物画的独特传统，还表现在善于运用长卷的形式，突破时间和空间的限制，真实而细致地描绘现实生活的场景及其人物活动。如宋代张择端的《清明上河图》，画家以高度写实的手法描绘了北宋都城汴梁沿汴河展现的风光，画卷长达五米多。其中描写汴河之上的大桥与桥下行船的情景尤为精彩动人，足见画家观察之精到，表现之认真，技巧之超群。自南宋受禅宗思想的影响，写意人物画提倡以来，中国人物画开始朝另一个方向发展，从重视教育认识功能转向重视审美作用，从为对象传神转向更多地抒发作者情感。仕女画、高士画如雨后春笋。元明清以来，虽然较多的文人画家转而致力于山水画与花鸟画，但因接触民生，关心国事，接受了尚在萌芽状态的反封建意识的文人或职业画家仍不乏人物画的优秀创作。明代的仇英、陈洪绶、任颐、虚谷，民初的吴昌硕等就是杰出的代表。齐白石、徐悲鸿等近现代画家，在继承和发扬中国传统人物绘画方面做了很多探索和贡献。

山水画经历了从东晋的“人大于山，水不容泛”、唐代的“金碧山水”、五代的“全景山水”到宋代“文人画”的萌芽、“马一角”“夏半边”的广为流传，从“元四家”的飘逸出尘到明朝“吴门画派”的统领画坛和清代的循规蹈矩、陈陈相因这一漫长历程，直到近现代的传统山水再度兴盛。山水画的艺术形式的变革、创新，集中表现在色调方面。就色调而言，青绿金碧创于隋唐；“水晕墨章，兴乎唐代”，遂有破墨、泼墨之妙；五代、两宋以水墨为主；元代出现浅绛；明清则水墨、浅绛远远多于青绿。

花鸟画有着优秀的现实主义传统，以及丰富多彩的风格流派，五代时期，以西蜀的“黄家富贵”与南唐的“徐熙野逸”为分界线，“黄家富贵”代表宫廷画院之风，“徐熙野逸”则是文人士大夫所追求的清趣。宋人则擅用没骨法。元人追求一种隐居和出世的生活方式，因此梅、兰、竹、菊成了文人士大夫经常借题发挥或寓意的对象。明代沈周的花鸟虫草等杂画，或水墨，或设色，其笔法与墨法，在欲放未放之间。以后经过陈淳的继承与发展，开启了徐渭的泼墨写意，而又经清代的八大山人、“扬州八怪”的推波助澜，形成了一股巨大写意花鸟画洪流。特别是清末民初的虚谷，更是融会贯通，将花鸟画艺术发展到一定的高度。

在中国古代，文人艺术的一个重要标志就是诗、书、画三位一体，龚贤就是这样一位杰出的艺术家。龚贤被现代画坛尊为明清之际中国画坛最杰出的绘画大师之一，他的艺术成就在京陵八家中最高，影响也最大。他重视发挥画家个性主张。他所作画诀，言近旨远，精确不磨，现代画家黄宾虹、李可染都从他的笔法中得到了很大的启迪。他的山水画一般很“满”，但“满”而不塞，常常用云带、流水作为空白透气。从整个画面来说，很有气韵。这才是龚贤的笔、墨、丘壑浑然一体的韵，他是当之无愧的“金陵画派”的首领。

吴历用笔谨严朴厚，细密沉着，多用中锋。他善用重墨、焦墨，层层皴染的积墨法更使他的作品墨彩焕发，郁郁苍苍，特别是他的“阳面皴”更是为人称道。三百年来，他的画受许多人的推崇。与吴历同岁、同乡，又是同学的王翚也自叹不如，认为吴历的画可与倪瓒、沈周“并垂天壤”，而自己“恐难步尘，奈何奈何”！这表明吴历的画品格调是比较高的。

金农、李方膺、李鱓同是扬州八怪核心人物。他们的大胆创新之风，不断为后世画家所传承。金农精篆刻、鉴定，善画竹、梅、鞍马、佛像、人物、山水，尤精墨梅。所作梅花，枝多花繁，生机勃发，还参以古拙的金石笔意，风格古雅拙朴。李方膺工诗文书画，擅梅、兰、竹、菊、松、鱼等，注重师法传统和师法造化，能自成一格，其画笔法苍劲老厚，剪裁简洁，不拘形似，活泼生动。李鱓工诗书，善写意花鸟，兼能山水，风格独特，富有创造性。他喜于画上作长文题跋，字迹参差错落，使画面十分丰富，取得了较高的艺术成就，绘画与金农齐名，对后世画坛影响甚大，特别是他的写意花鸟，被认为是“扬州八怪”中成就最卓著的，其作品对晚清花鸟画有较大的影响。

清四僧都擅长山水画，作品多表现不平之气，个性鲜明，自具风裁，直抒胸臆。在艺术上不为旧法所囿，都既学习古人，也敢于突破古人成法，而取材直接来自自然，贴近生活，故作品中生机勃勃，充满活力。石涛之画，奇肆超逸，构图新奇，尤其善用“截取法”以特写之景传达深邃之境；讲求气势，笔情恣肆，淋漓洒脱，以豪放之势取胜。著有《画语录》行世，对绘画理论发展贡献颇大。髡残之画，苍古淳雅；善用雄健的秃笔和渴墨，层层皴擦勾染，达到笔墨交融、厚重不滞的效果。弘仁之画，高简幽疏，构图洗练简逸，笔墨苍劲整洁。他以画黄山著名，“得黄山之真性情”，因作品多师法自然，因而多清新之意，能传达山川之美，与石涛、梅清同为“黄山画派”之代表人物。八大山人之画，简略精练，可谓“墨点无多泪点多”；所绘花鸟鱼虫，形象洗练，造型夸张，构图险怪，笔法雄健泼辣，墨色淋漓酣畅，效果新颖独特而出人意表。八大山人的画，对后世的影响是深远的，清代中期的“扬州八怪”、晚期的“海派”及近代的齐白石、张大千、潘天寿、李苦禅等，莫不受其熏陶。

赵之谦是晚清艺坛上的一个书画篆刻都使人为之耳目一新的全能大师，是诗书画印有机结合的典范。在书法上，赵之谦精隶、楷、篆、行。他的行书既有着强烈个人风格的“创新”一面，又有着符合大众欣赏习惯的“从俗”一面，可谓推陈出新、雅俗共赏。他将清代两大花鸟画流派合而为一，创造出新的风格。由于他书法功力深厚，线条把握精到，运用各体字体题款，长于诗文韵语，这也是他高出其他清末画家，成为绘画巨匠的一个重要因素。赵之谦还是篆刻史上的一个天造奇才，他取材广泛，刀法传神，意境清新，开创了兼用六朝造像、阳文款识的新形式，开辟了篆刻的广阔道路，走出了前无古人的印学创作之路。尽管赵之谦一生所刻不到四百方印作，但他已站到了清代篆刻的巅峰。其中诸多的艺术经典，影响着后来的吴昌硕、黄牧甫、齐白石、赵叔孺、易大厂，直至现在这一百多年的整个篆刻史。

陈师曾在我国绘画史上是一位英年早逝的天才，尊他为大师，亦不为过。陈师曾虽然留学日本，接触过西洋绘画，但有着极其深厚的传统文人根基，毕生致力于中国传统绘画的创作， 善诗文、书法，尤长于绘画、篆刻，在花鸟、山水、风俗人物绘画领域有着极高造诣。他不仅是蜚声国内外的美术家，而且是知名的艺术教育家，也是吴昌硕之后革新文人画的重要代表。在文人画遭到“美术革命”冲击之时，他高度肯定文人画之价值，其山水画在承袭明代沈周、清代石涛技法的基础之上，注重师法造化，从自然景观中汲取创作灵感；写意花鸟画近学吴昌硕，远宗明人徐渭、陈淳等大写意笔法，画风雄厚爽健，富有情趣；人物画以意笔勾描，注重神韵，带有速写和漫画的纪实性；风俗画多描绘底层人物，画面所写北京市民之种种生计，真实地反映普通民众生活和市井百态，有着鲜明的时代特色，这种题材的选择体现了陈师曾对西方现实主义表现方式的吸收，开创了现代现实人物画新风。

这套丛书画册，是从众多历代名家作品中精选出绘画精品汇编而成，包含历代山水、花鸟、人物画名家之作品，这些书画家都是青史艺坛姓氏彪炳的人物，他们的传世画作无疑是中华民族精神财富中的无价之宝、稀世之珍。画册的出版既可供海内外学者、专家摩娑鉴借，亦可为艺术爱好人士陶冶心灵，为促进美育、培育社会精神文明略尽绵薄。

星霜荏苒，岁月如矢，秦关汉阙，唐风宋雨，功名尘土，衣冠草芥，鱼龙漫衍，鸡虫得失，转眼都成陈迹，只有笔底波澜，纸上云烟，永久留传人世，记录着文明的印痕、历史的轨迹与祖宗的聪明才智，而这正是我们前进的基石。瞻前必须顾后，时间不可切割。读者一卷在手，案头清赏之余，当不难目逆神驰，别有会心。

希望此书出版后能得到大家的批评指正，以便将来进一步修改、充实与完善。

云梦山人牛志高

2014 年中秋于北京

目 录

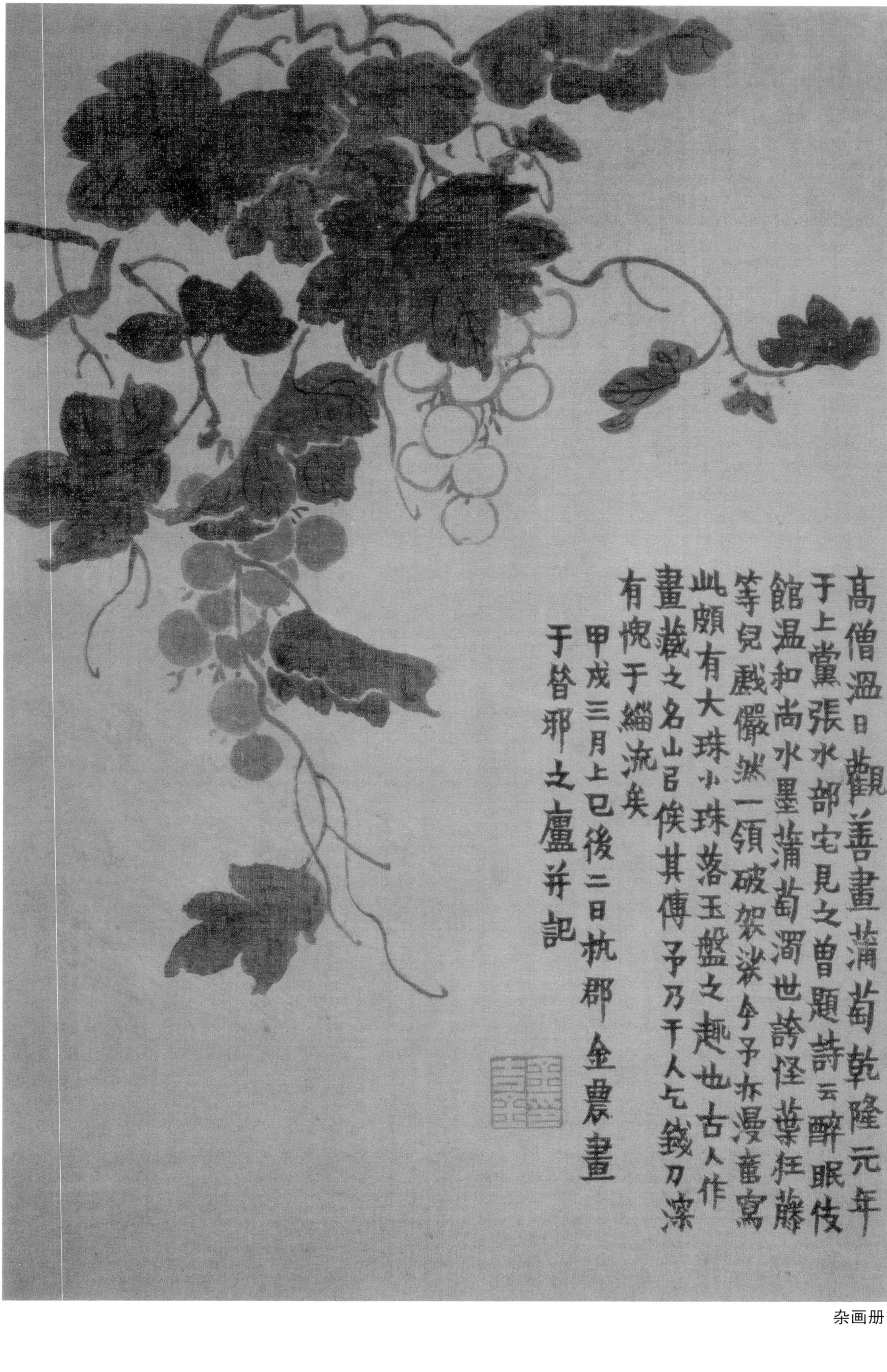
高僧温日觀善畫蒲萄乾隆元年
于上黨張水部宅見之曾題詩云醉眠伎
館温和尚水墨蒲萄溷世誇怪葉狂藤
等兒戲儼然一領破袈裟今予亦漫畫寫
此頗有大珠小珠落玉盤之趣也古人作
畫藏之名山㠯俟其傳予乃干人乞錢刀深
有愧于緇流矣
甲戌三月上巳後二日杭郡金農畫
于昔邪之廬并記

杂画册

三十六陂凉水珮風裳銀色雲中一大長好侶玉杯
玲瓏鏤得玉也生香對月有人偷寫世界白泱泱愛畫閑
鷗野鷺不愛畫鴛鴦与荷花慢慢商量
金牛湖上金 吉金 畫白荷花并題

杂画册之一

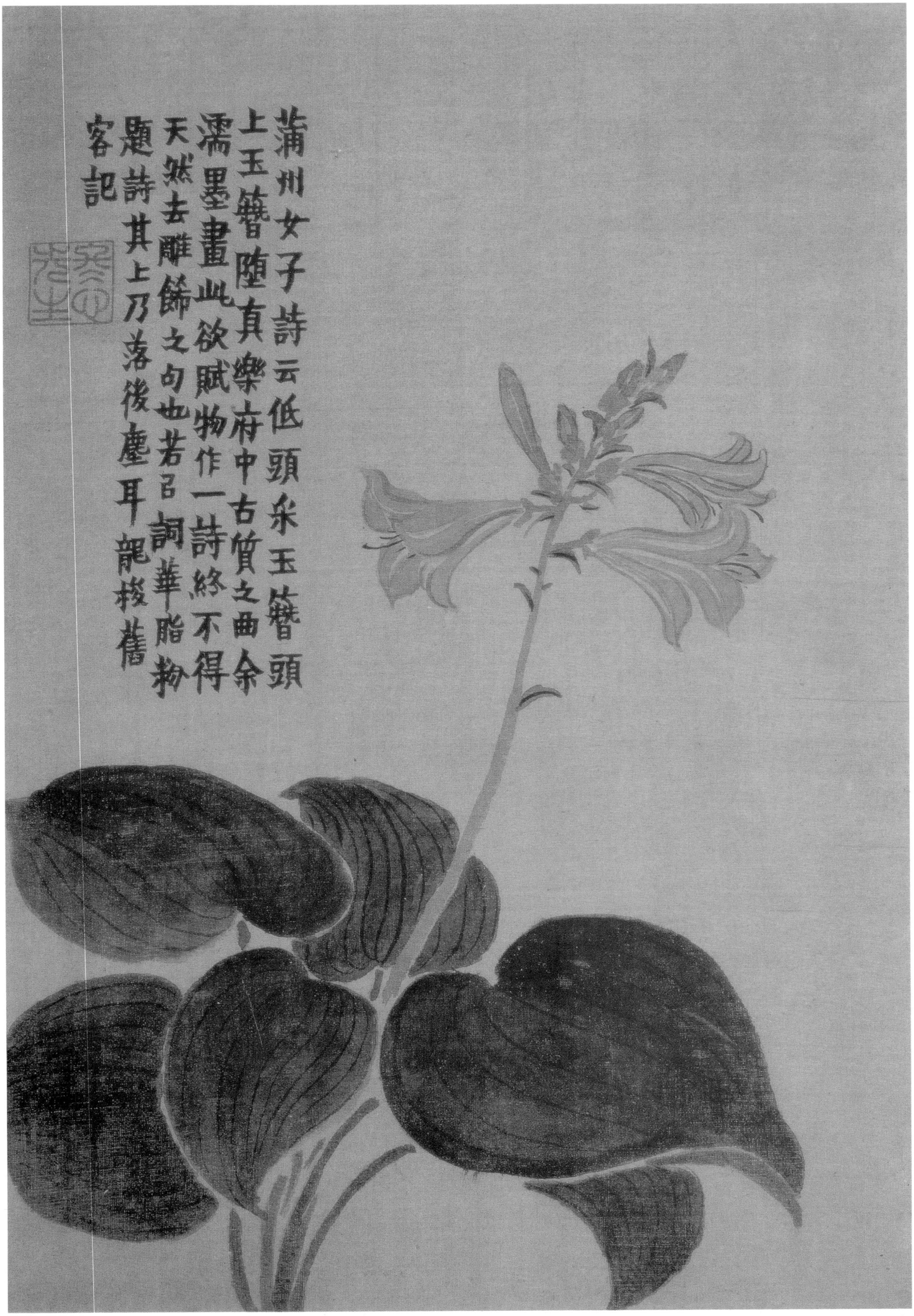
蒲州女子詩云低頭采玉簪頭
上玉簪墮真樂府中古質之曲余
濡墨畫此欲賦物作一詩終不得
天然去雕飾之句也若呂詞華脂粉
題詩其上乃落後塵耳龍稜舊
客記

杂画册之二

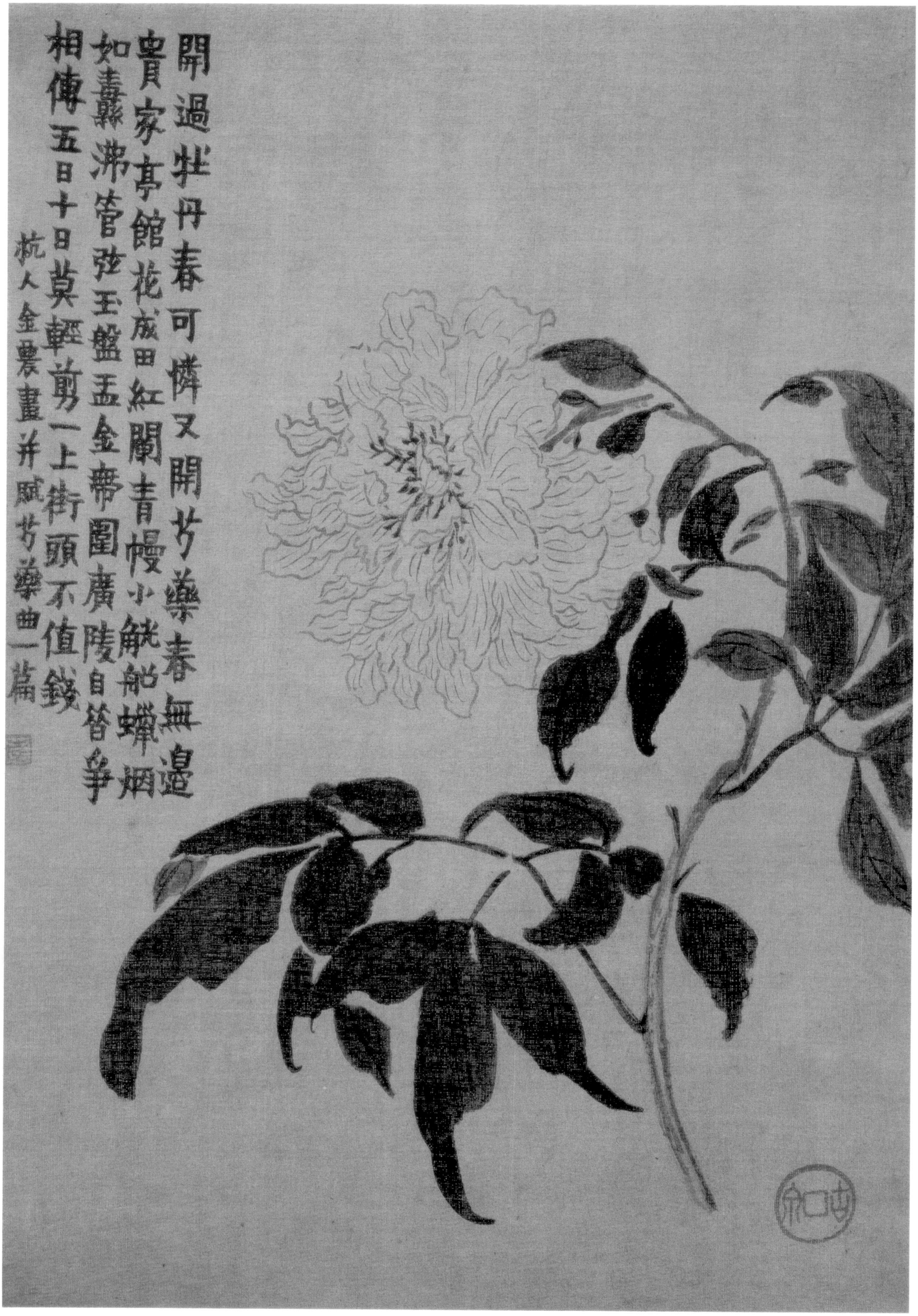
開過牡丹春可憐又開芍藥春無邊
貴家亭館花成田紅闌青幔小舫船蠟烟
如轟轟沸管弦玉盤盂金帶圍廣陵自昔爭
相傳五日十日莫輕剪一上街頭不值錢
杭人金農畫并賦芍藥曲一篇

杂画册之三

杂画册之四

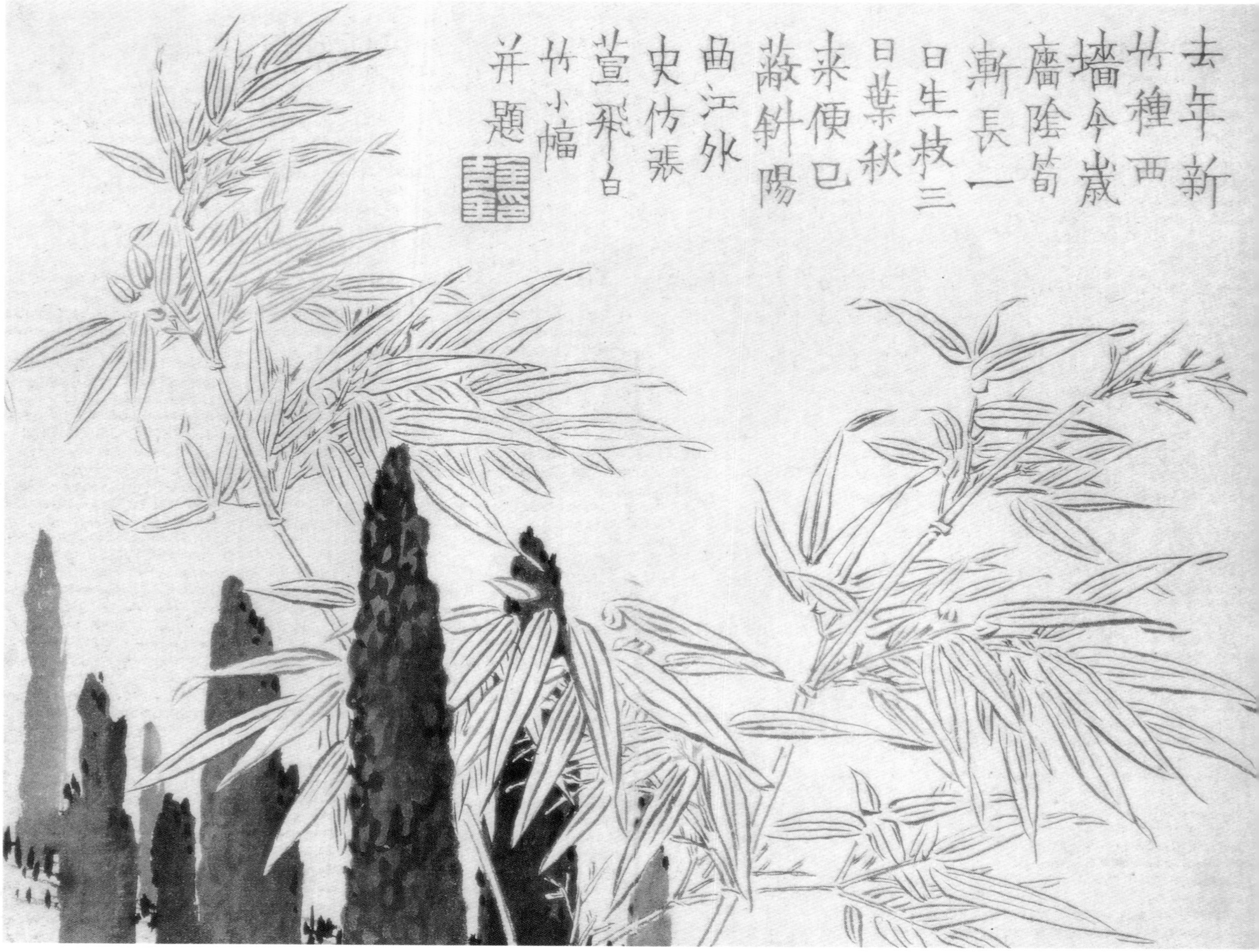
去年新
竹種西
墻今歲
廧陰筍
漸長一
日生枝三
日葉秋
来便巳
蔽斜陽
曲江外
史仿張
萱飛白
竹小幅
并題

杂画册之五

杂画册之六

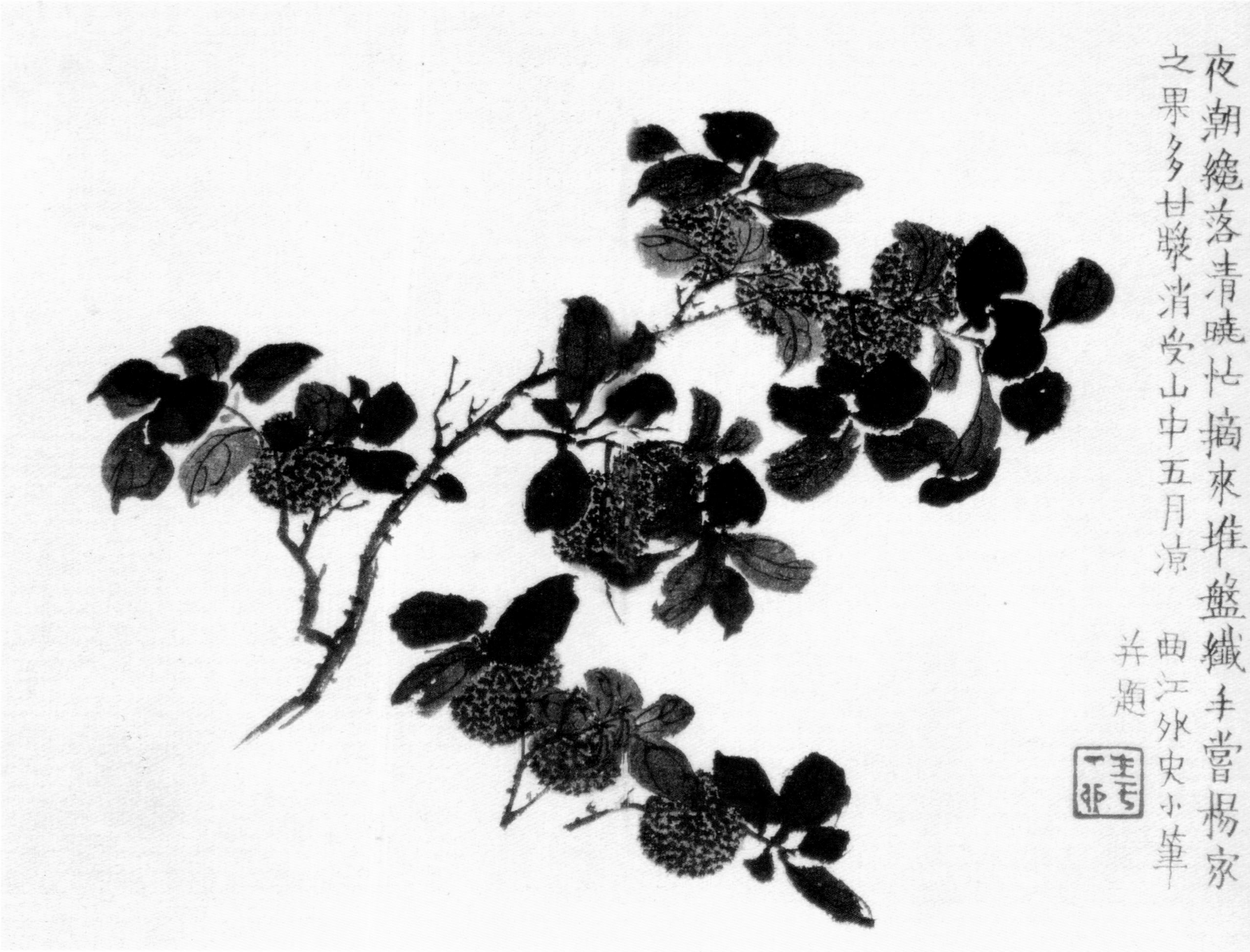
夜潮纔落青曉忙摘來堆盤纖手嘗楊家
之果多甘蜜消受山中五月涼
曲江外史小筆
并題

杂画册之七

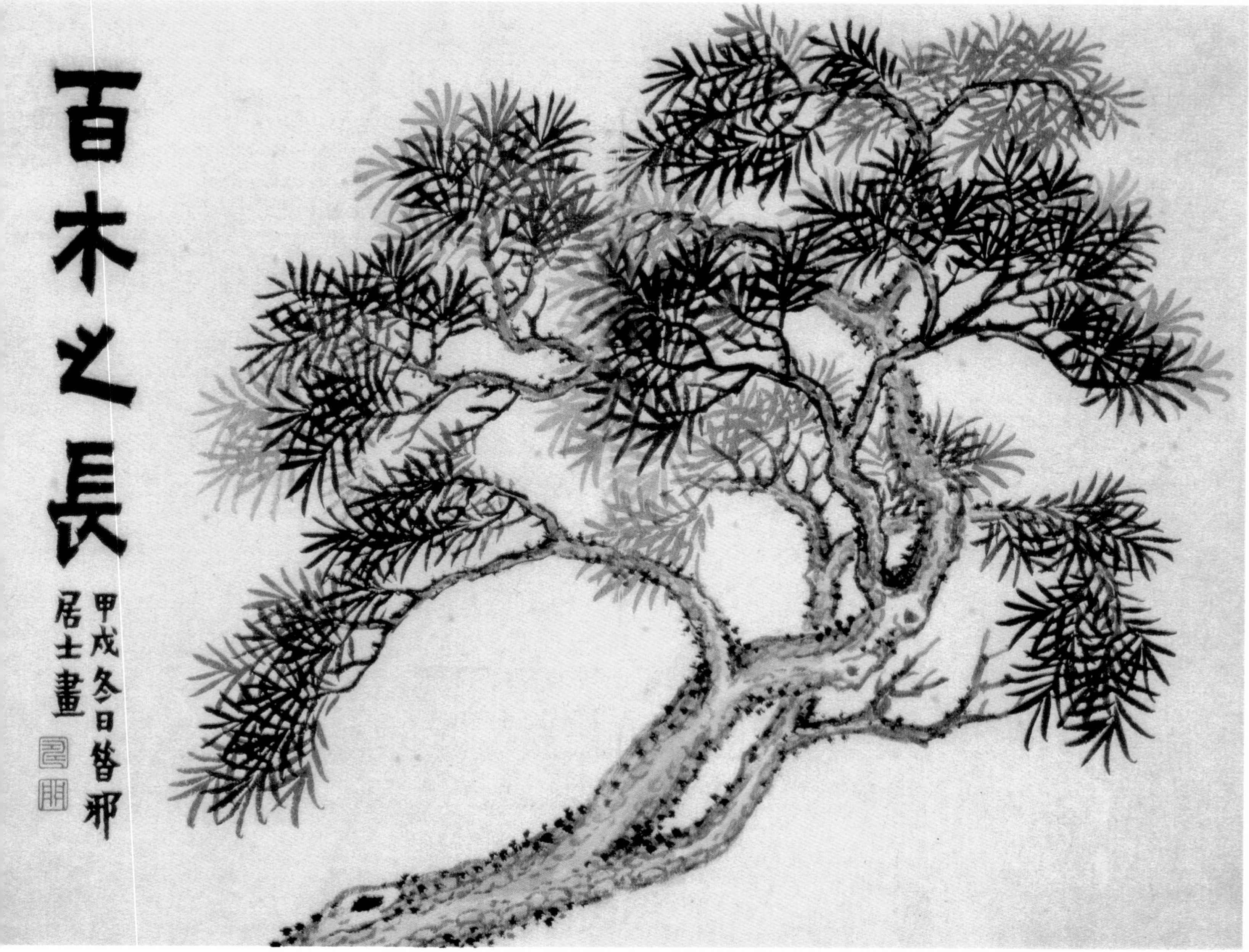
百木之長
甲戌冬日皆邪
居士畫

杂画册之八

不作世間綺語矣而
忽爲此綠窓翠袖之
人末免白頭老子風流罪
過湔除餘墨安得之上
池水洗之凸江外史小華
記

同里華秋岳康石舟
皆工士女予不君其能
不同而同觀者鑒之
畫畢又述

杂画册之九

野竹無次頗多清風何方朝士屏
從之來裴回竹下獻詠不去得非王子
猷之流輩乎此間忽有斯人可想可
想
乾隆二十四年又六月
意林先生自杭寄書召此冊
乞余作畫為作十六幅報之
時余尚留滞廣陵未歸也七十
三翁金農記

杂画册之十

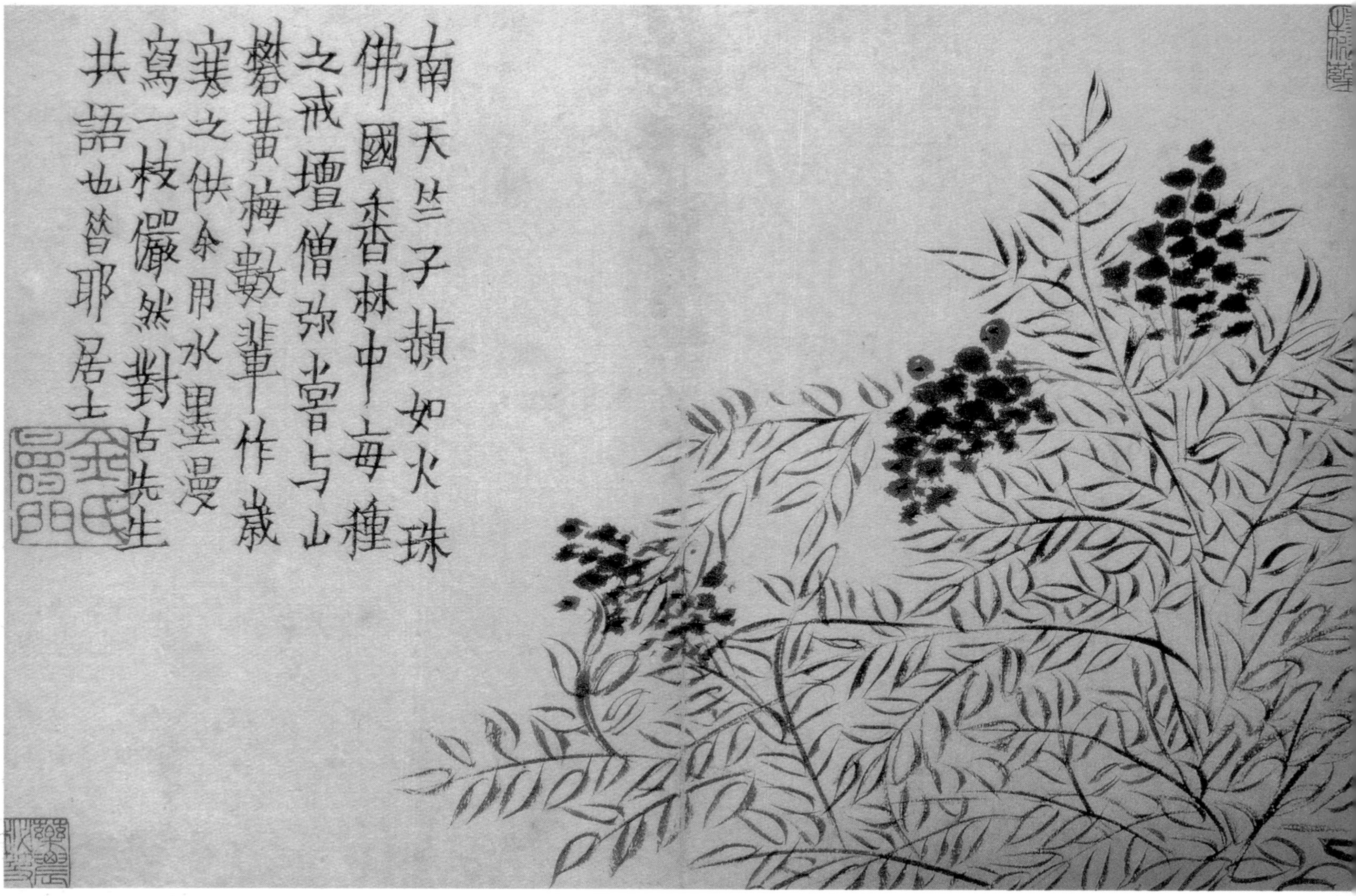
南天竺子頳如火珠
佛國香林中每種
之戒壇僧弥嘗与山
礬黃梅數輩作歲
寒之供余用水墨漫
寫一枝儼然對古先生
共語也昔耶居士

杂画册之十一

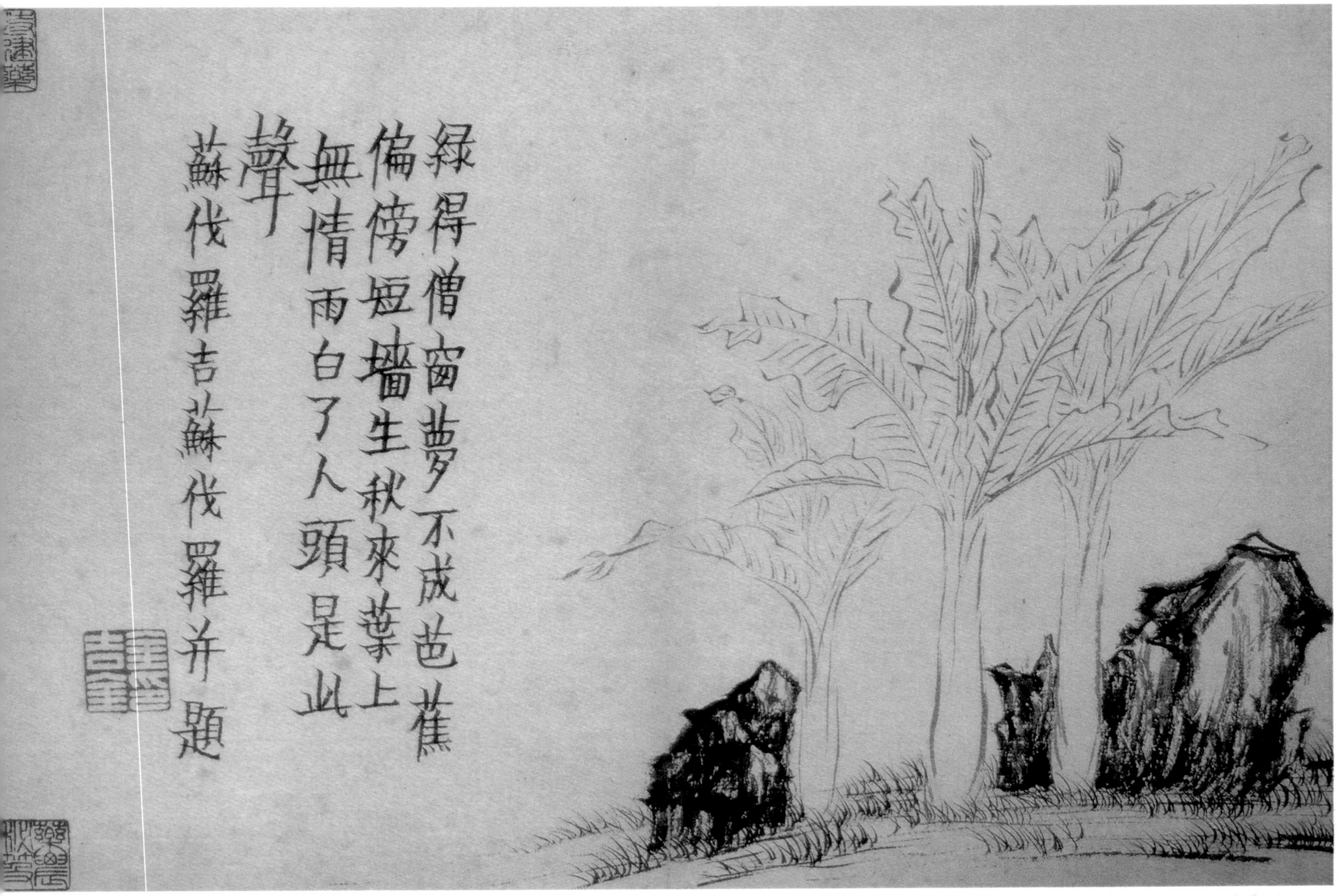

杂画册之十二

野竹無次頗多清風何方朝士屏
騶從之來裵回竹下歗詠不去得毋
王子猷一流乎此間忽有斯人可想
可想
乾隆二十四年秋七月畫于廣陵
九節菖蒲鵠館七十三翁杭郡金
農記

杂画册之十三

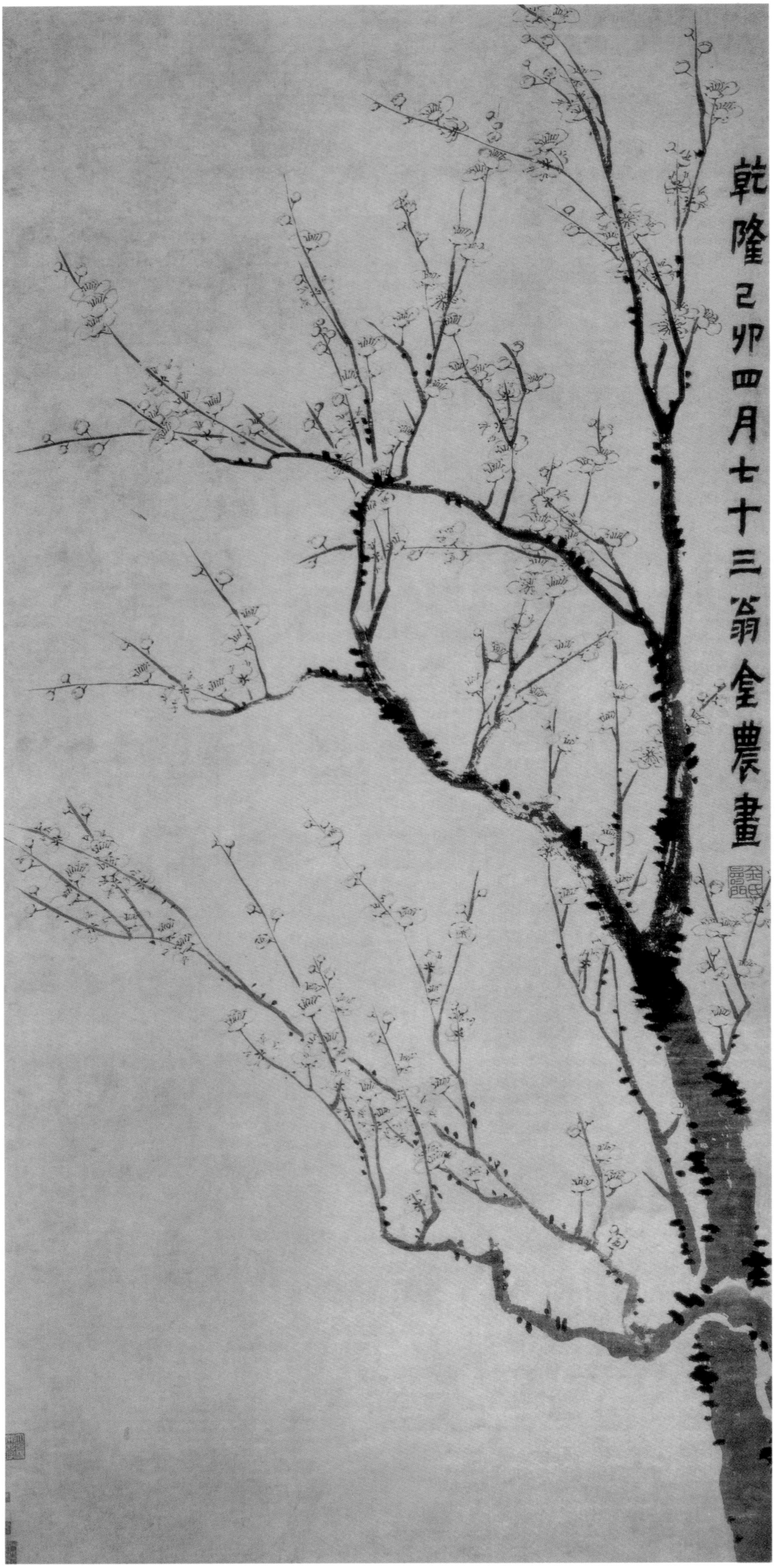
乾隆己卯四月七十三翁金農畫
墨梅图

水邊林下清香噴
罷白々朱々數不盡
是花髣髴乃江外史并題

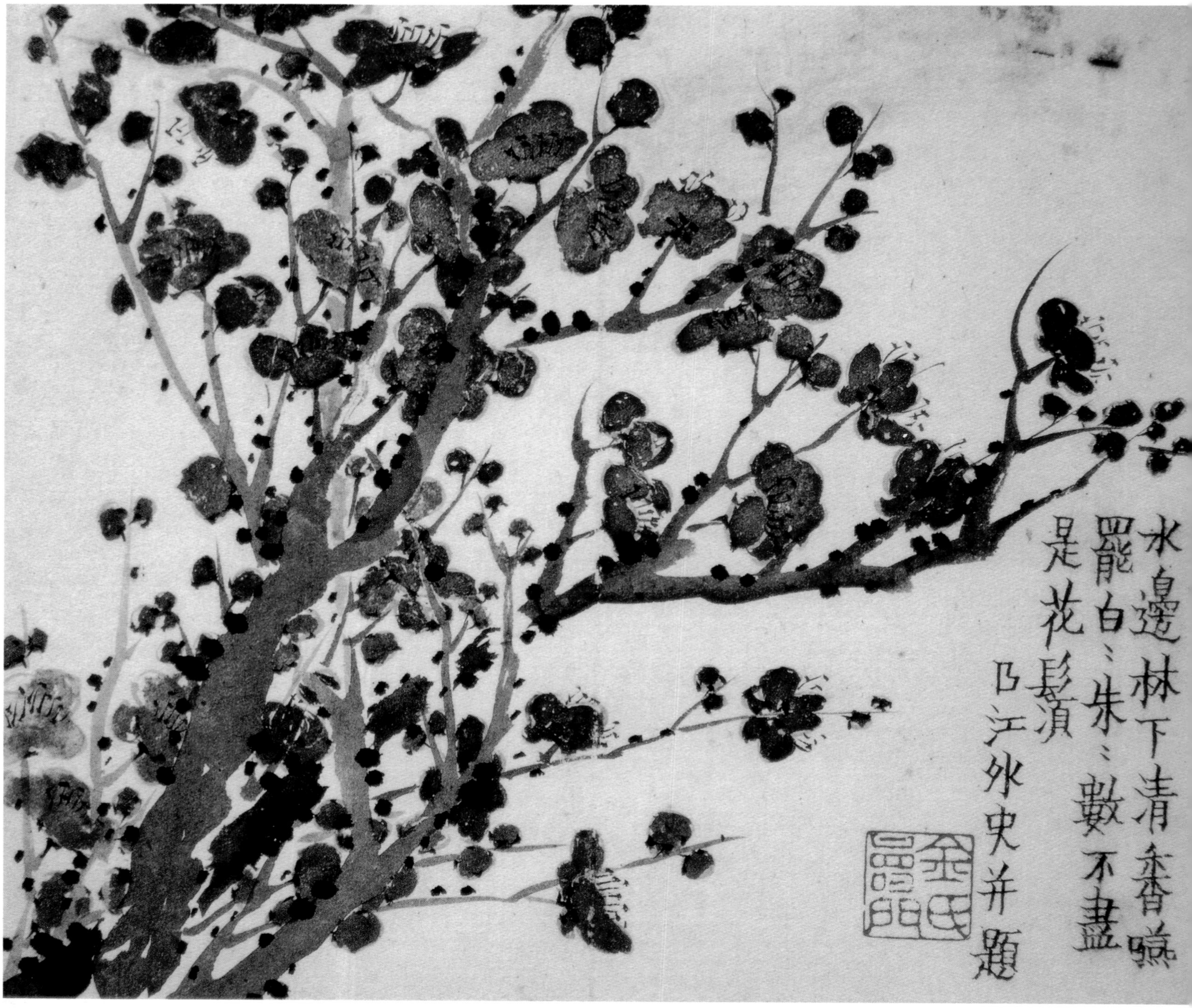

梅花册之一

梅花册之二

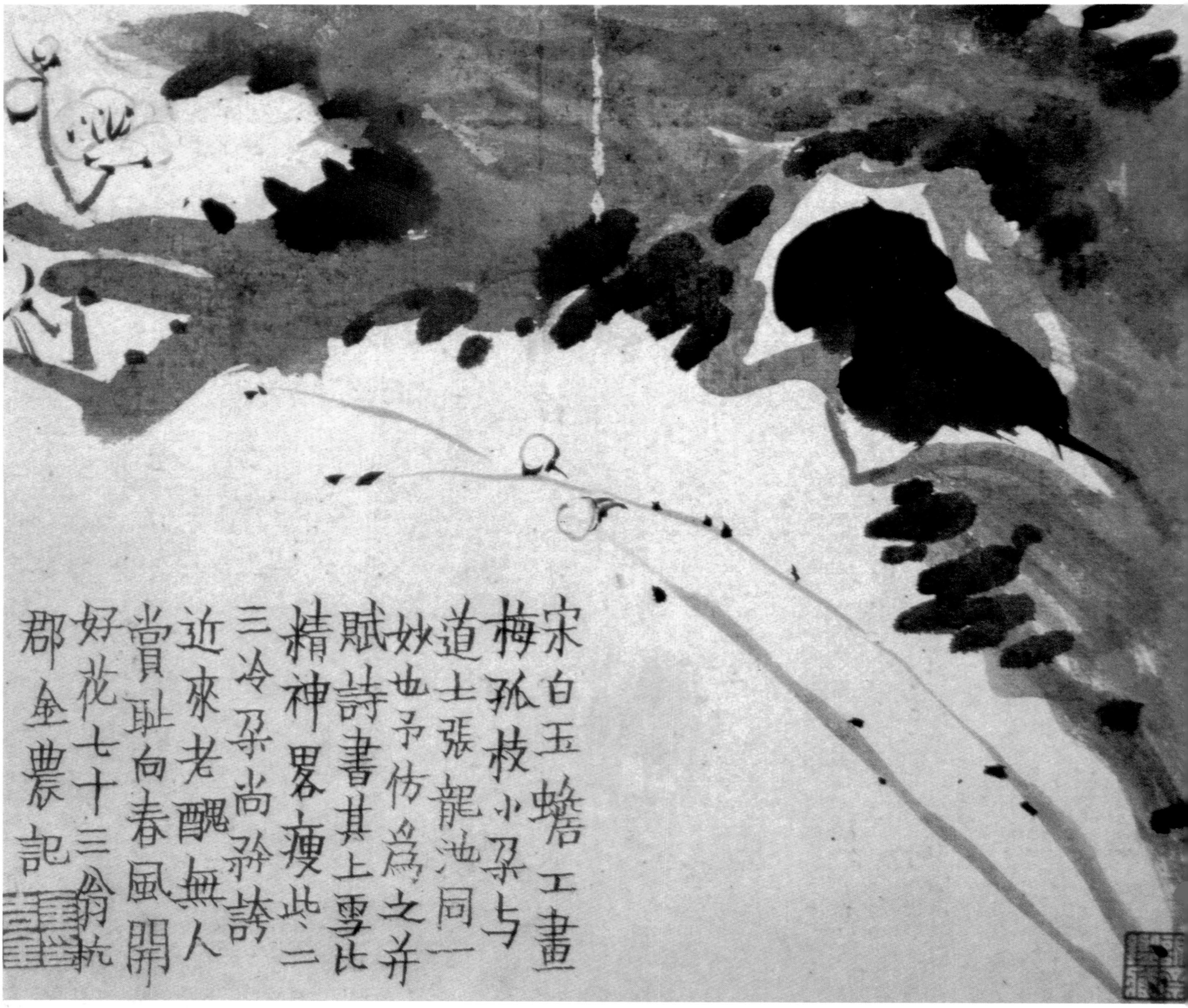
宋白玉蟾工畫
梅孤枝小朶与
道士張龍池同一
妙也予仿爲之并
賦詩書其上雪比
精神畧瘦些二
三冷朶尚矜誇
近來老醜無人
賞耻向春風開
好花七十三翁杭
郡金農記

梅花册之三

蘭香祖也在幽林緜
谷中不出也即三徵七
聘十二命亦不出矣其
其肥遯之高士乎
甲戌之春仙壇掃花
人畫于管耶小廬

兰 花

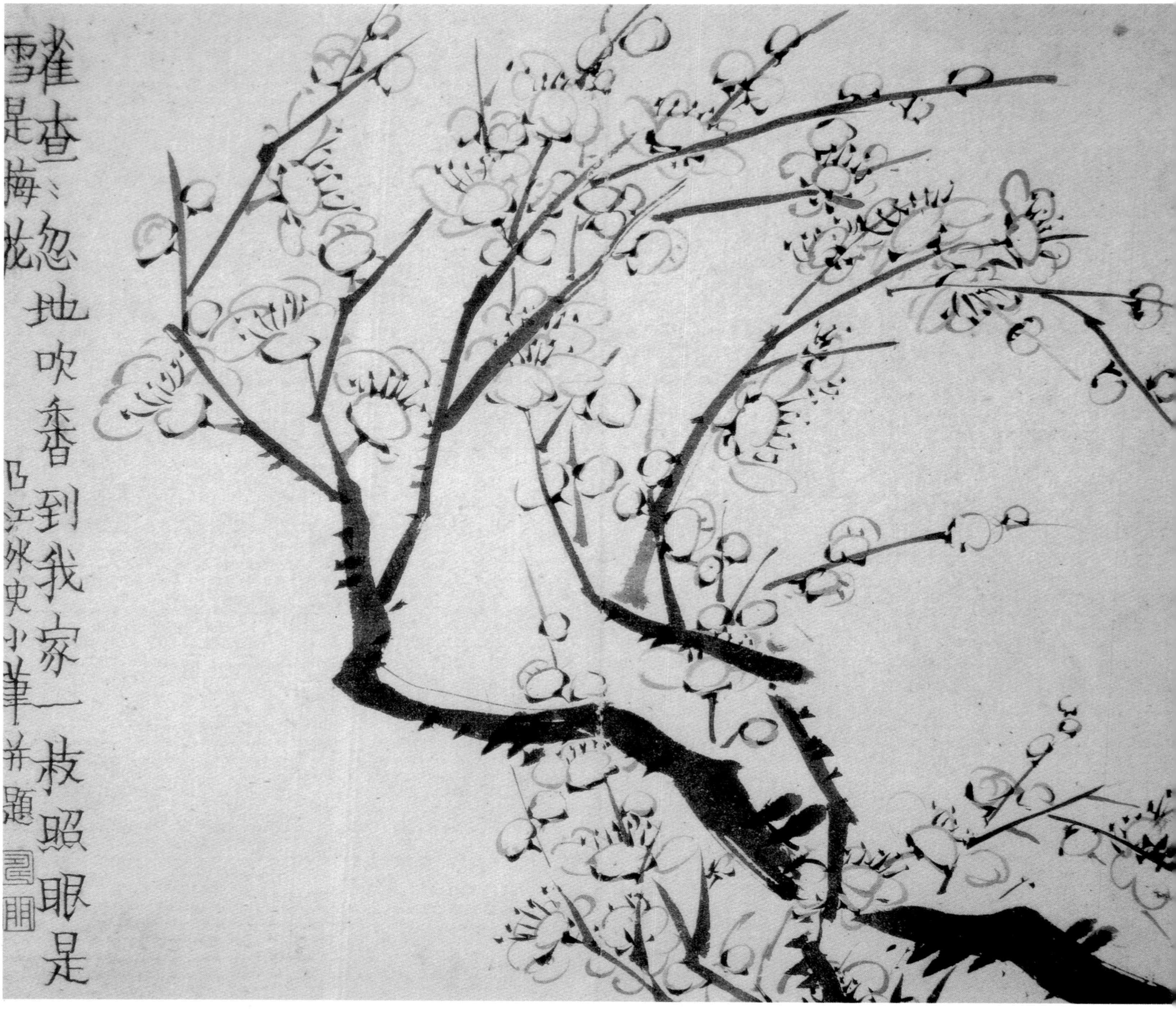
忽地吹香到我家一枝照眼是
雪是梅花

梅花册

香雨三兄良友以前明内庫紙乞予畫江梅小直幅因仿元人王元章法奉其教益茶熟香溫時
定多物外之賞也并題一詩硯水生冰墨半乾畫梅須畫晚來寒樹無醜態香沾袖不愛花人莫
与看
稽留山民金農時年七十

墨梅

畫梅須有風格宜瘦
不在肥耳楊補之為華
光和尚入室弟子其瘦
處如鷺鳥立寒汀不欲
為人作近玩也客窗仿
擬吕寄勝流

梅花册之一

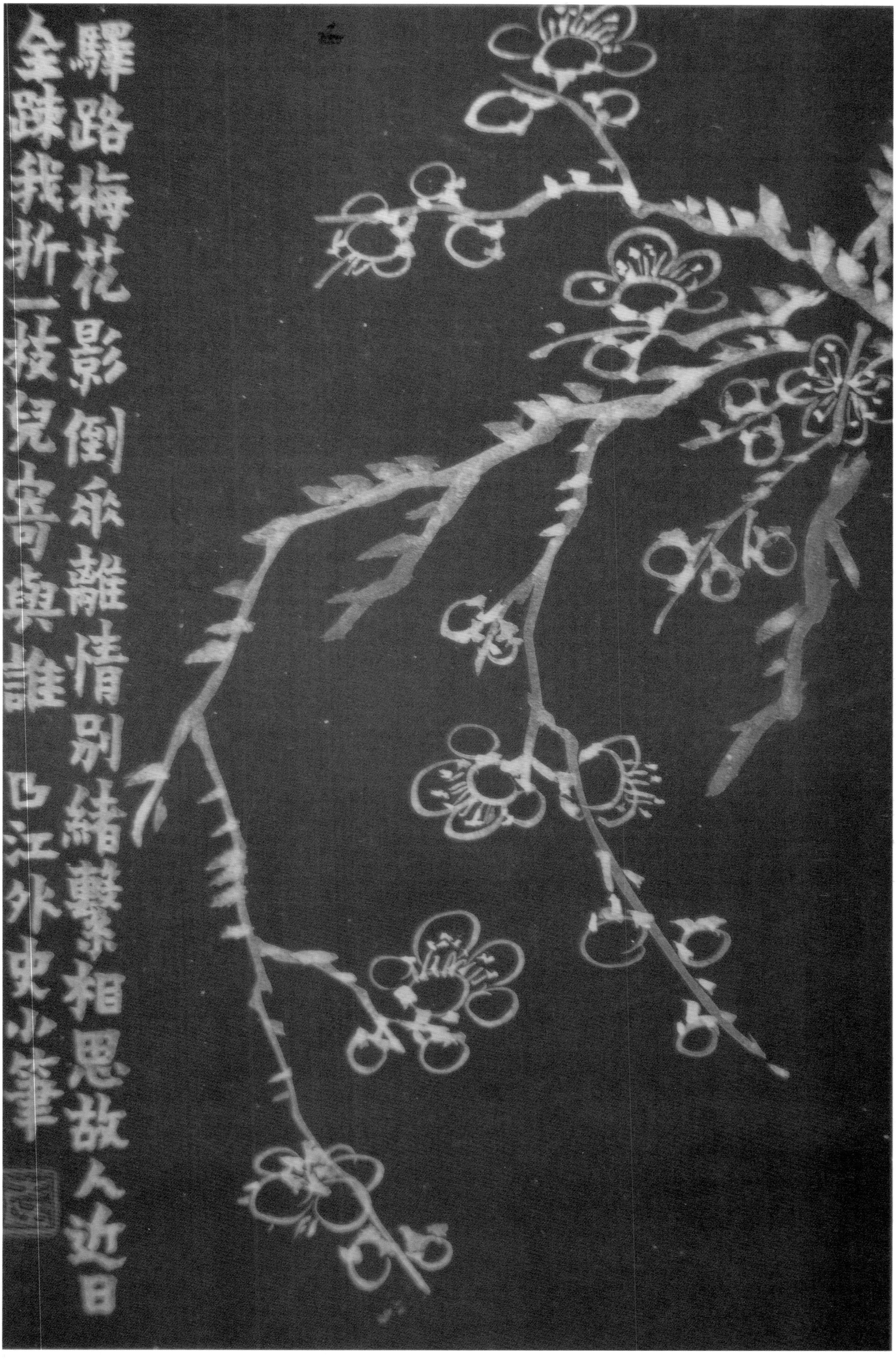
驛路梅花影倒垂離情別緒繫相思故人近日
全疏我折一枝兒寄與誰　巴江外史小筆

梅花册之二

耻春翁畫野梅
無數花枝顛倒
開舍南舍北處、石
黏落晨難寫天寒
欲雪水際小樓臺但
見凍禽上下啼香
弄影不見有人来

梅花册之三

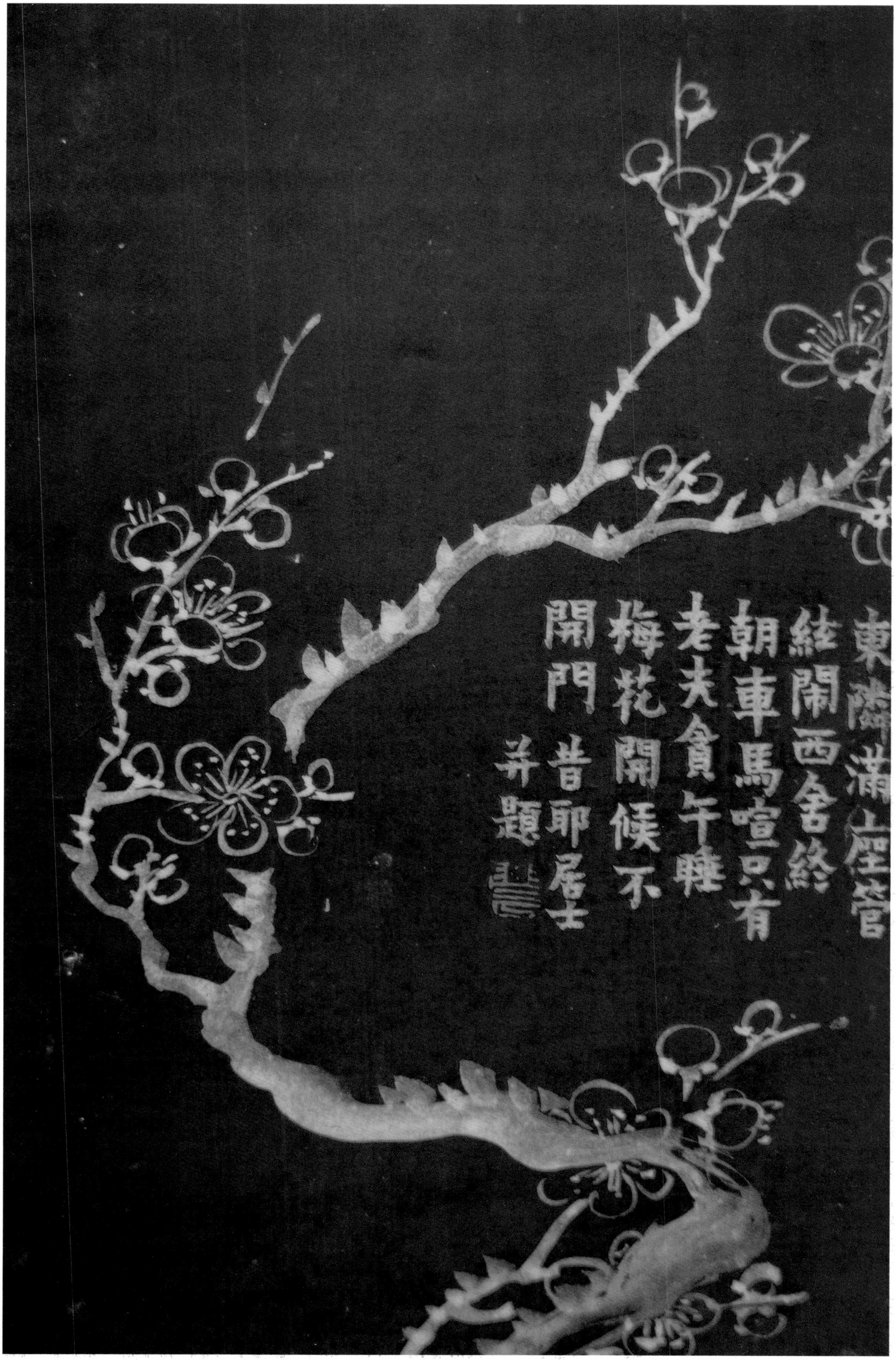
東隣滿座管
絃鬧西舍終
朝車馬喧只有
老夫貪午睡
梅花鬧候不
開門 昔耶居士
并題

梅花册之四

梅花册之五

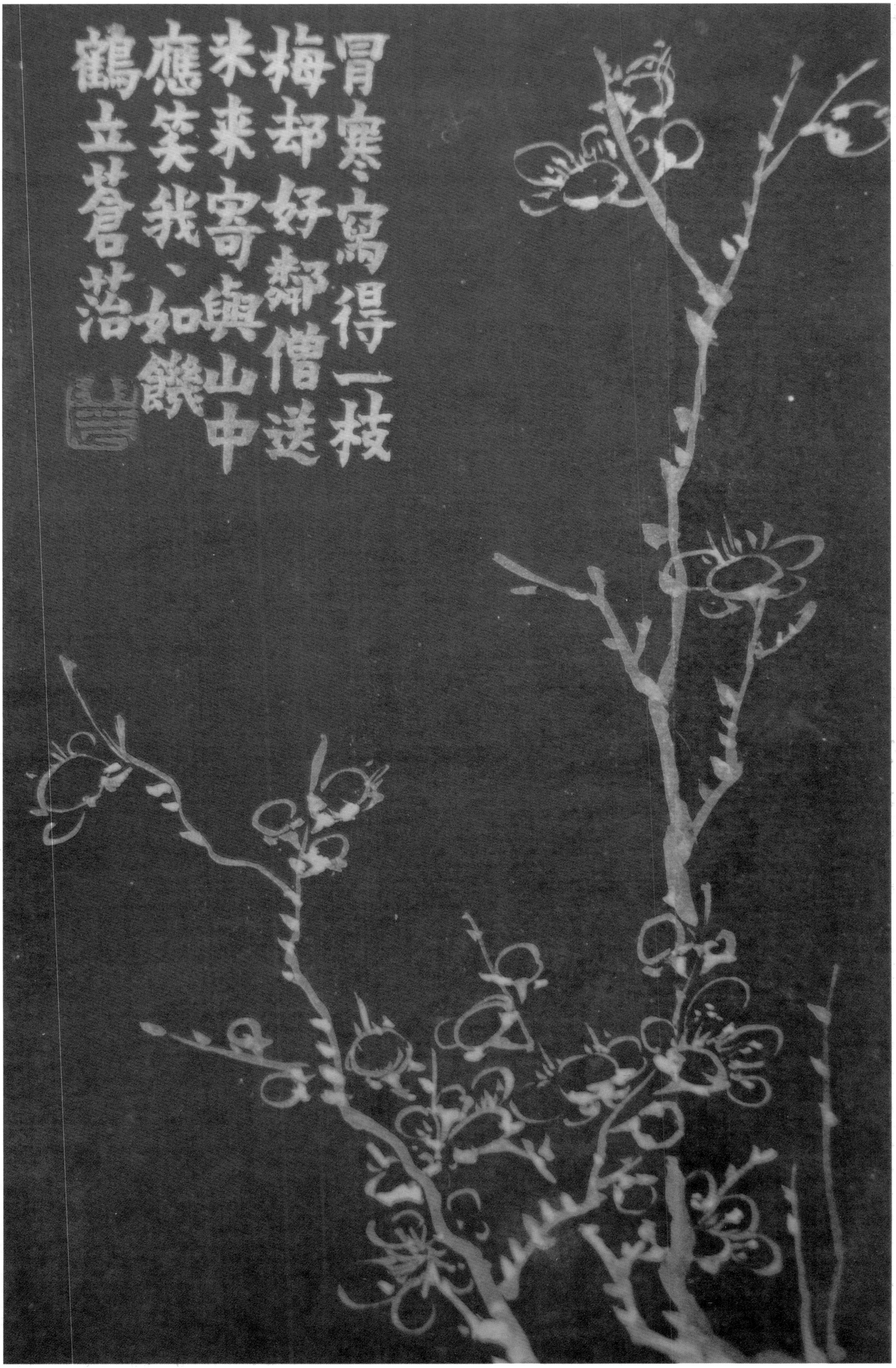
冒寒寫得一枝
梅却好鄰僧送
来來寄與山中
應笑我、如饑
鶴立蒼苔

梅花册之六

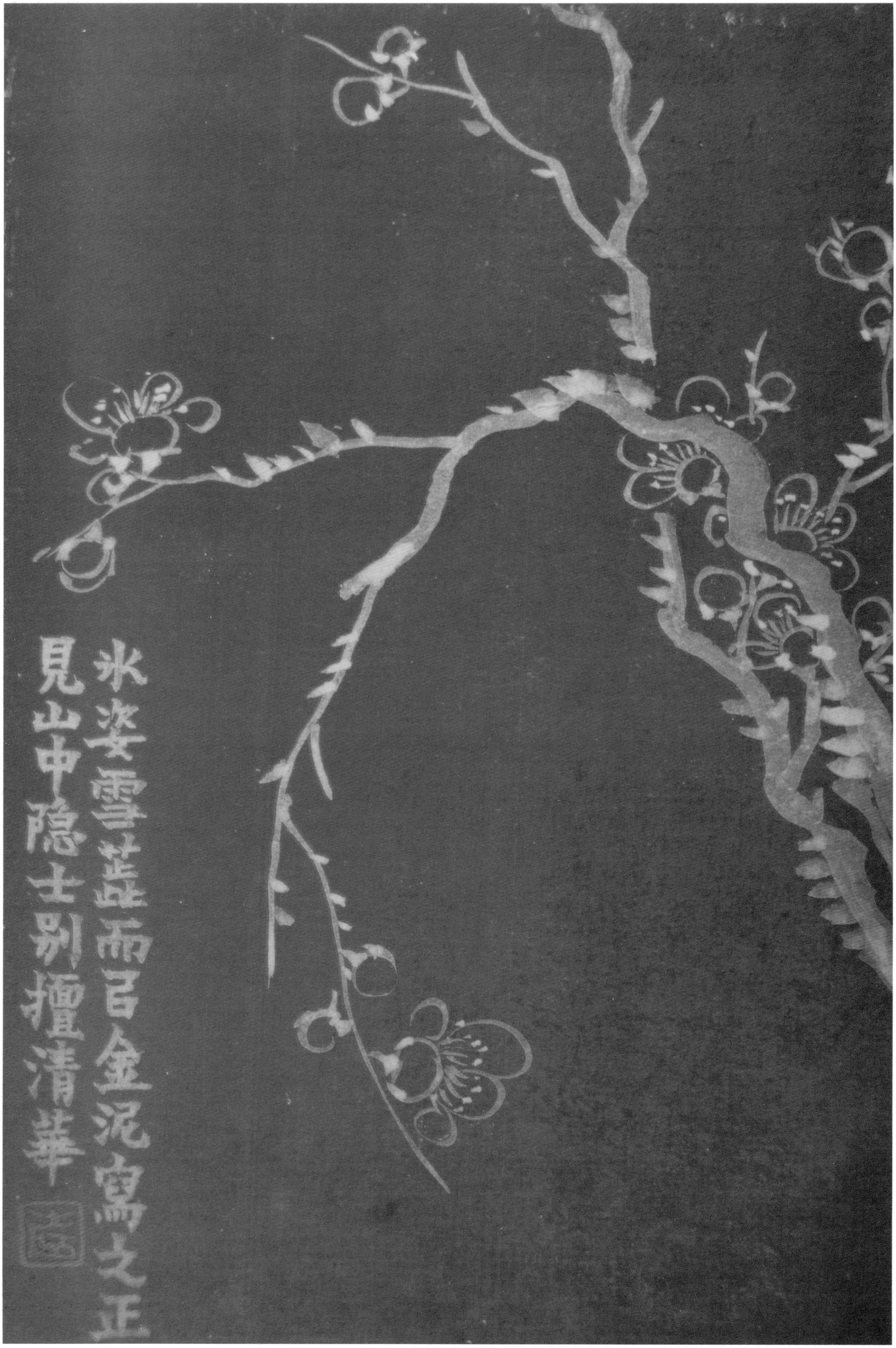
冰姿雪蕊而已金泥寫之正
見山中隱士别擅清華

梅花册之七

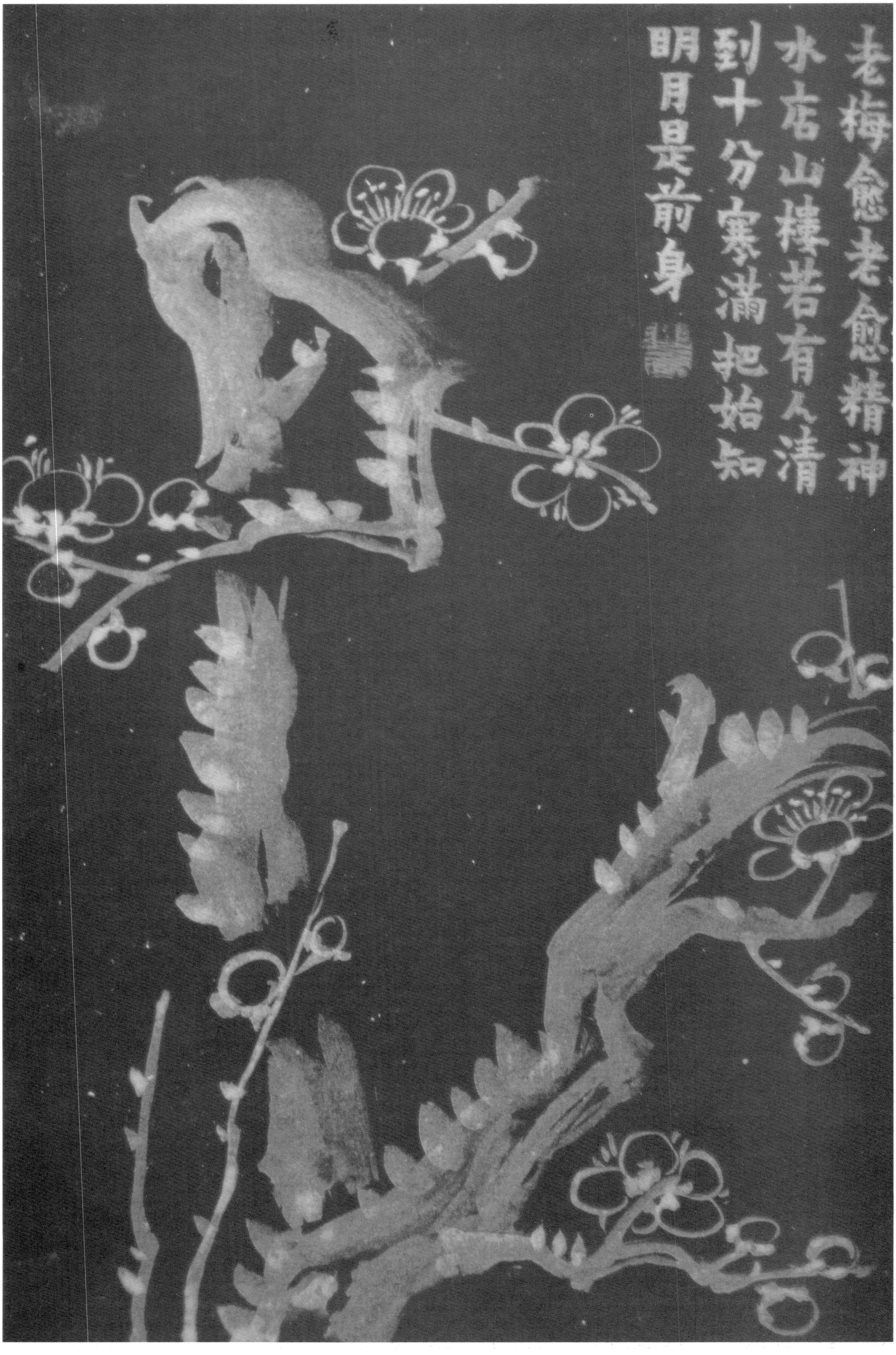
老梅愈老愈精神
水店山樓若有人清
到十分寒滿把始知
明月是前身

梅花册之八

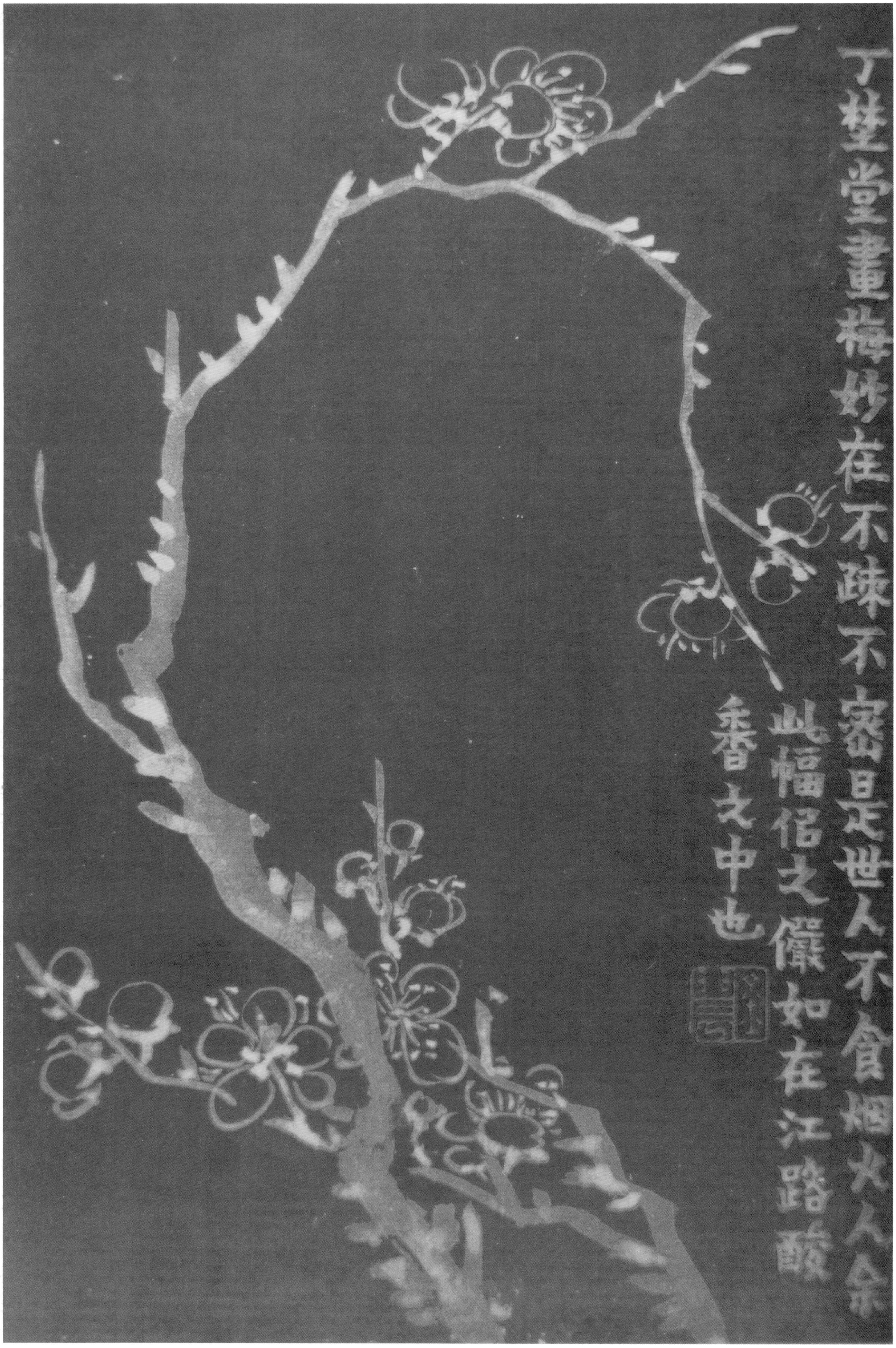
丁埜堂畫梅妙在不疎不密是世人不食烟火人余
此幅侶之儼如在江路酸
香之中也

梅花册之九

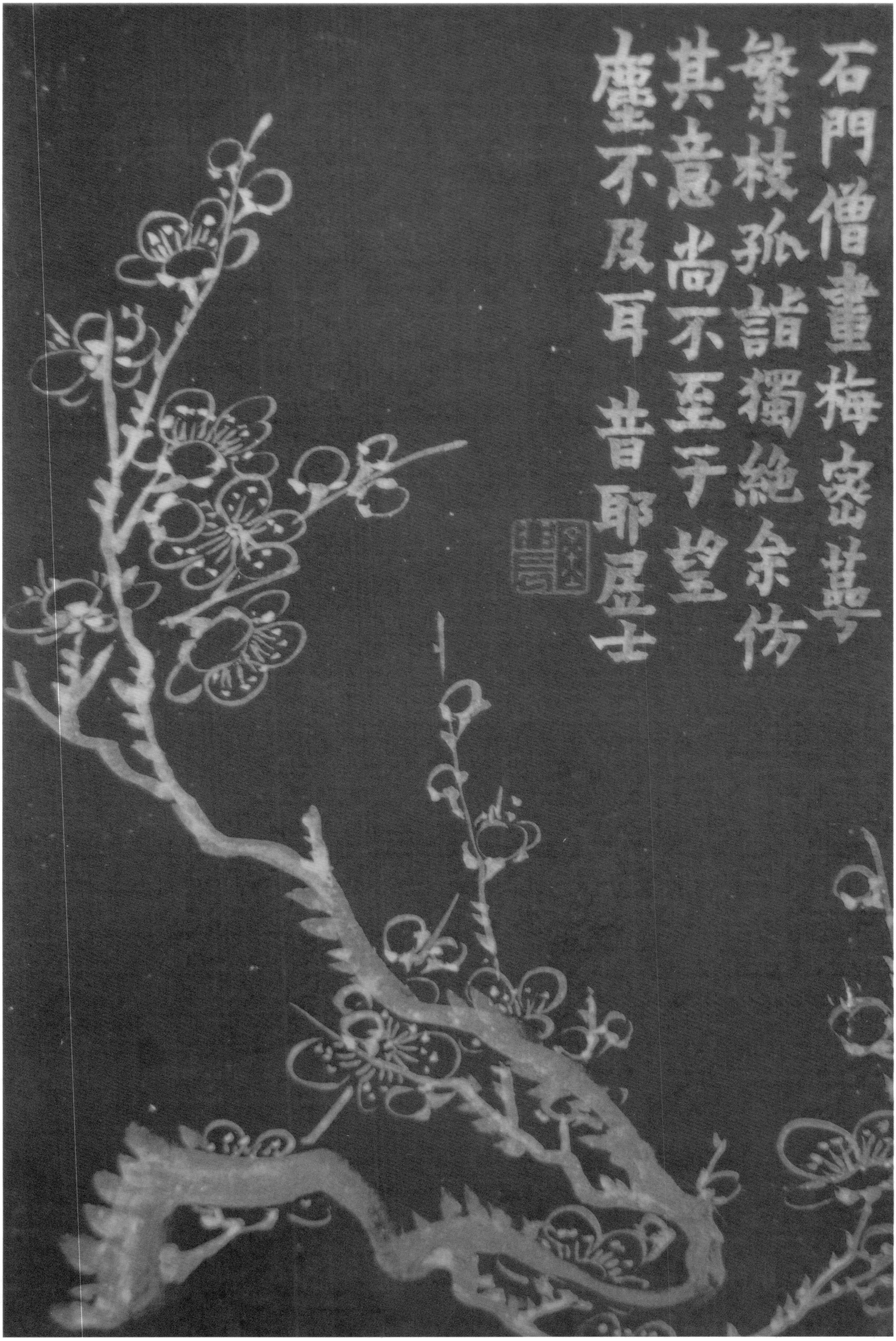
石門僧畫梅密萼
繁枝孤詣獨絶余仿
其意尚不至于望
塵不及耳 昔耶居士

梅花册之十

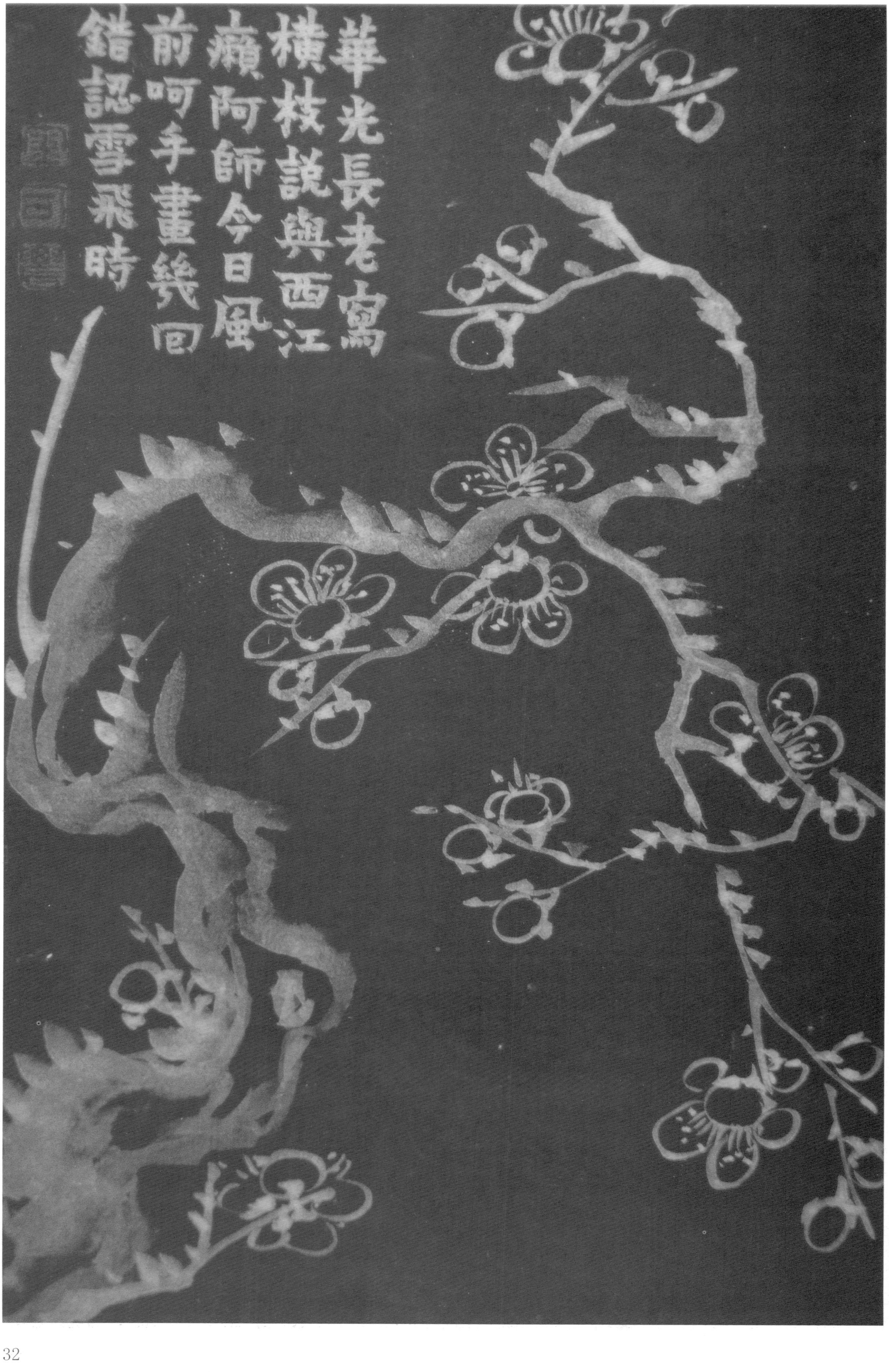
華光長老寫
橫枝說與西江
癩阿師今日風
前呵手畫幾回
錯認雪飛時

梅花册之十一

一枝兩枝橫復斜林下水
邊香正奢我亦騎驢孟
夫子不辭風雪爲梅花
乾隆二十二年歲次丁丑
杭郡金農并題于九節
菖蒲之館時年七十又一

梅花册之十二

大雪僵卧正抱不宜于人之戒門外忽聞擿擿聲
启户視之擔酒人至云是歌樓上老僧送來因向火
冷飲三杯通大道矣乘醉寫江梅一枝不亦快哉
乙亥十二月耻春老人畫記

墨 梅

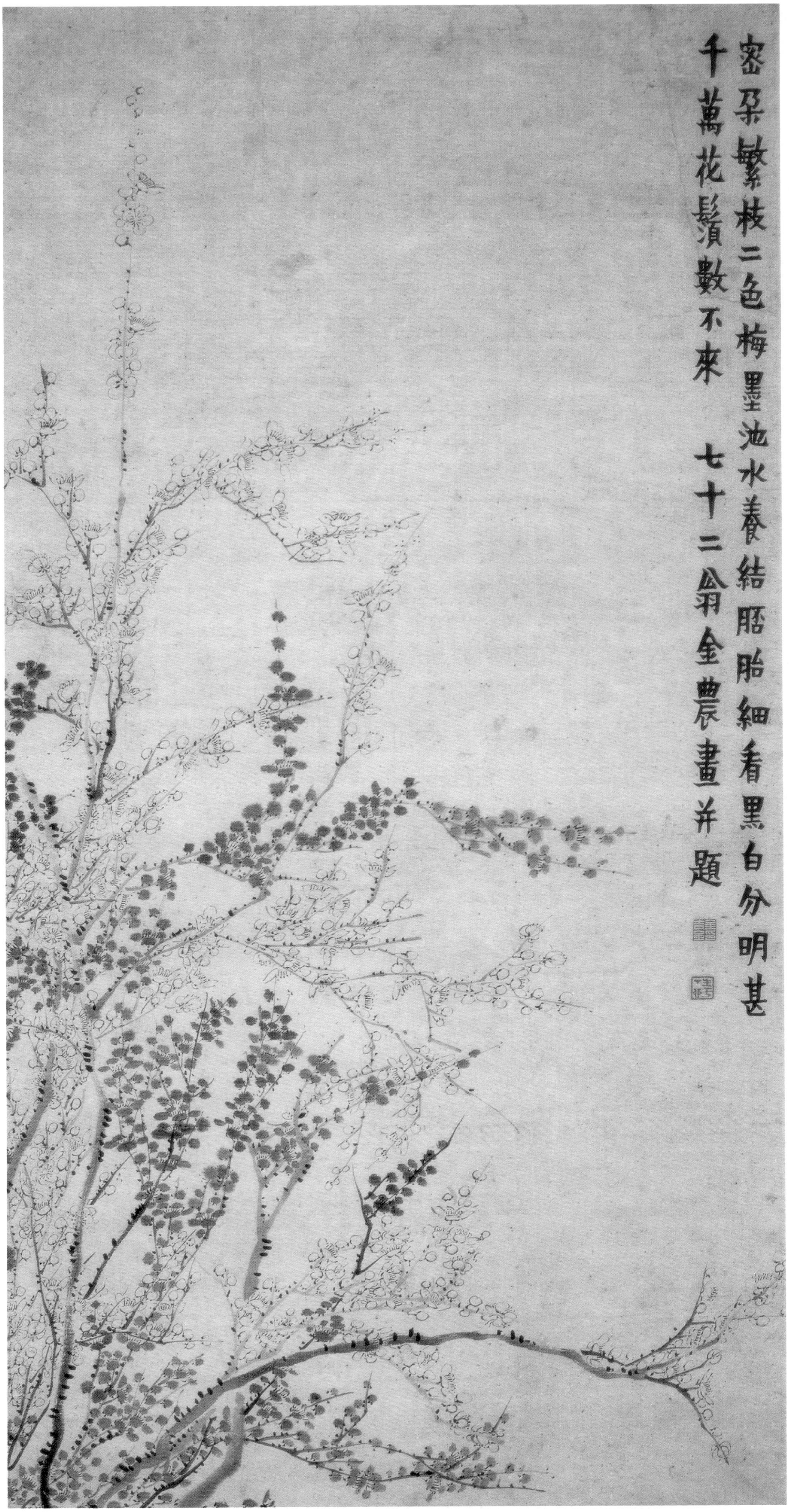
密朵繁枝二色梅墨池水養結胚胎細看黑白分明甚
千萬花鬚數不來 七十二翁金農畫并題

梅花图

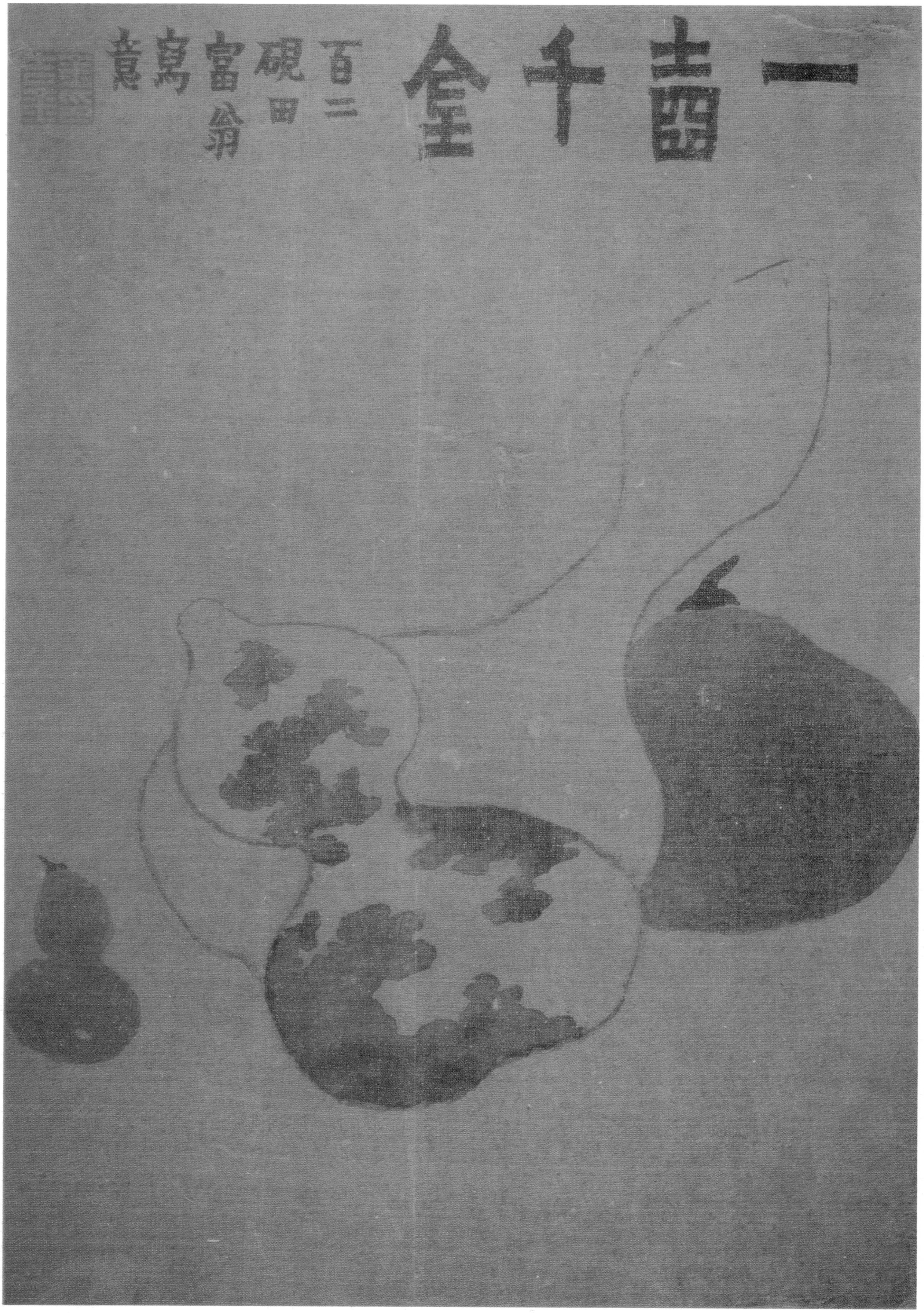

杂画册

杂画册之二

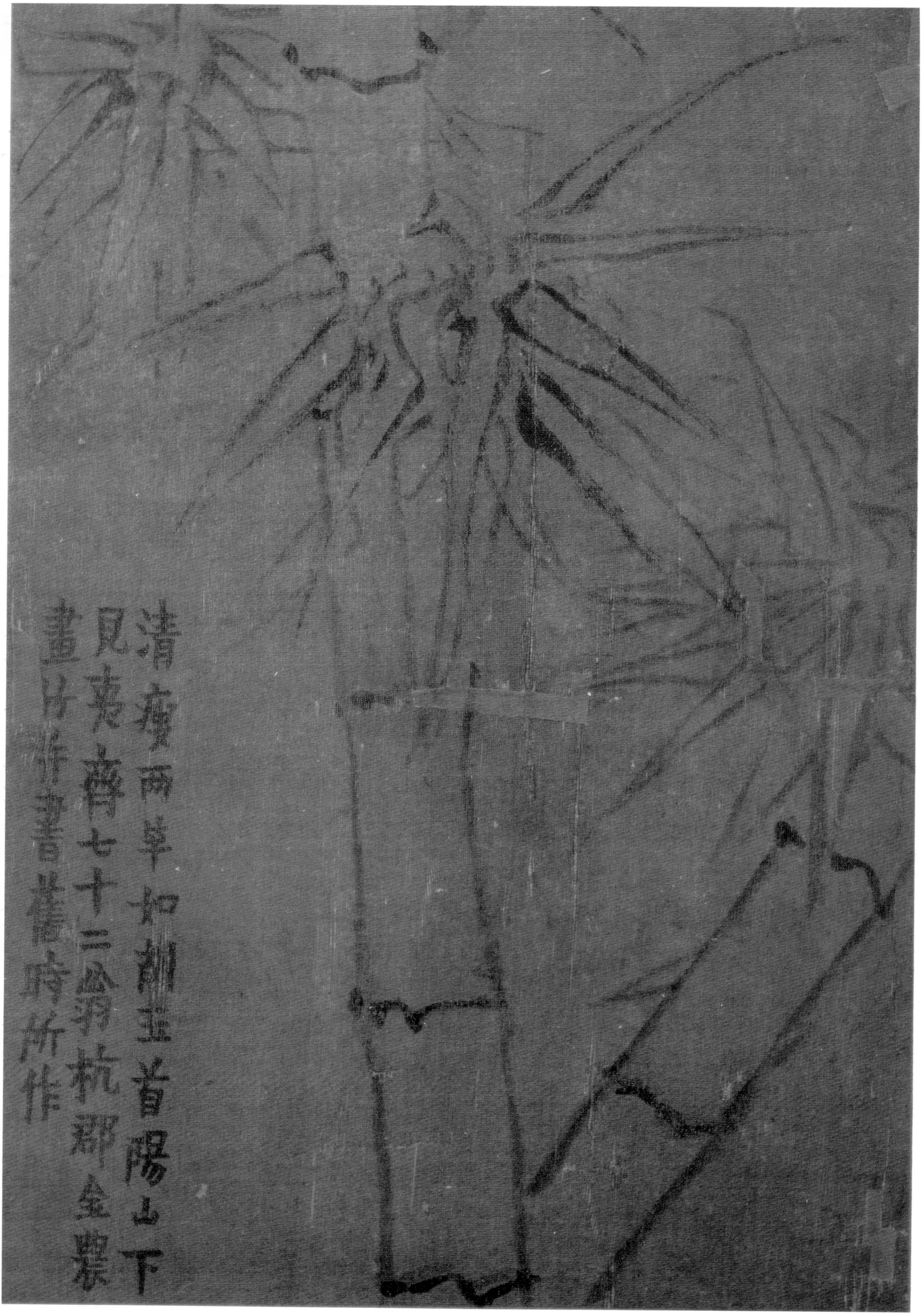

杂画册之三

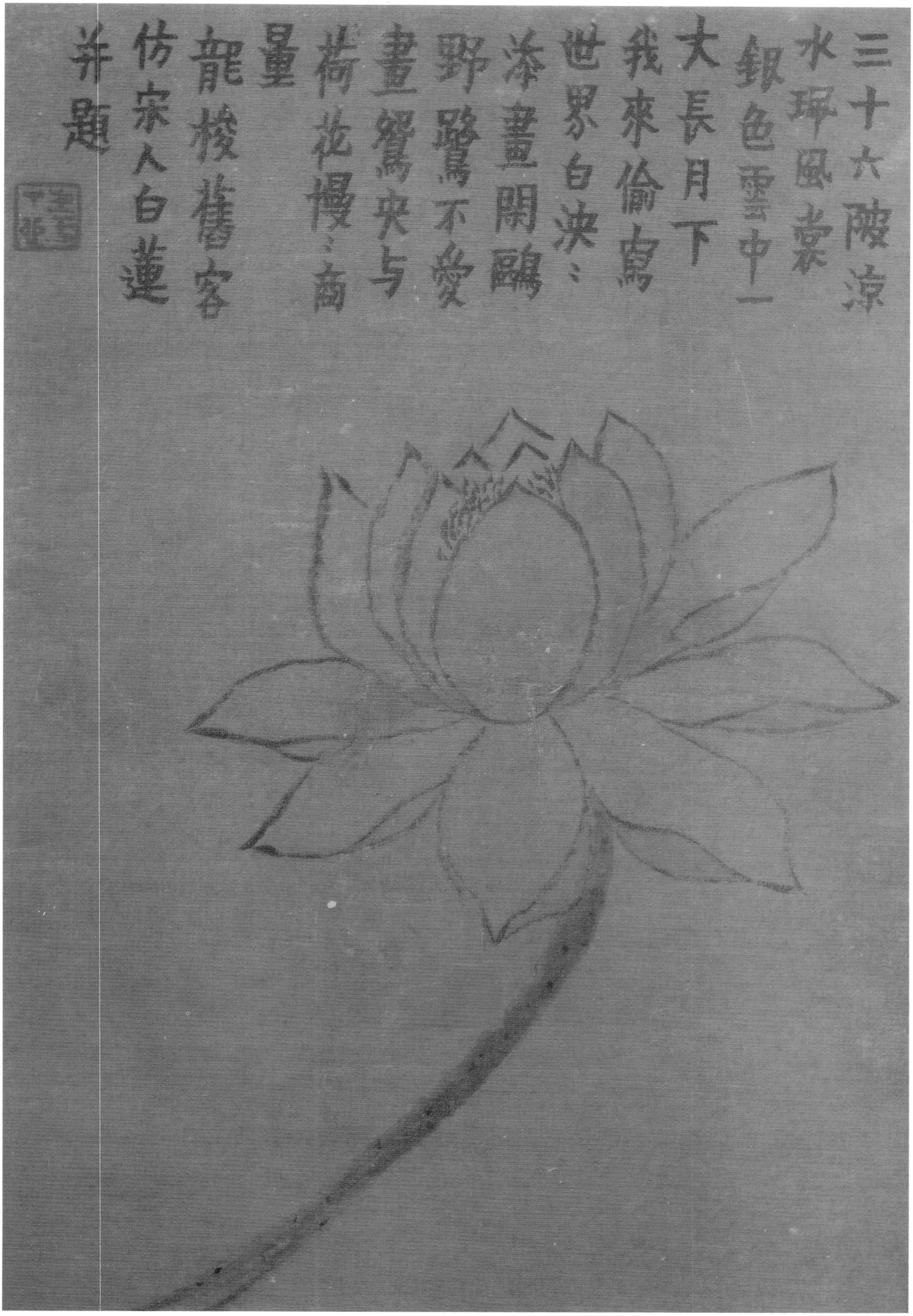

三十六陂涼
水珮風裳
銀色雲中一
大長月下
我來偷寫
世界白泱泱
添畫閑鷗
野鷺不愛
畫鴛鴦與
荷花慢慢商
量
龍梭舊客
仿宋人白蓮
并題

杂画册之四

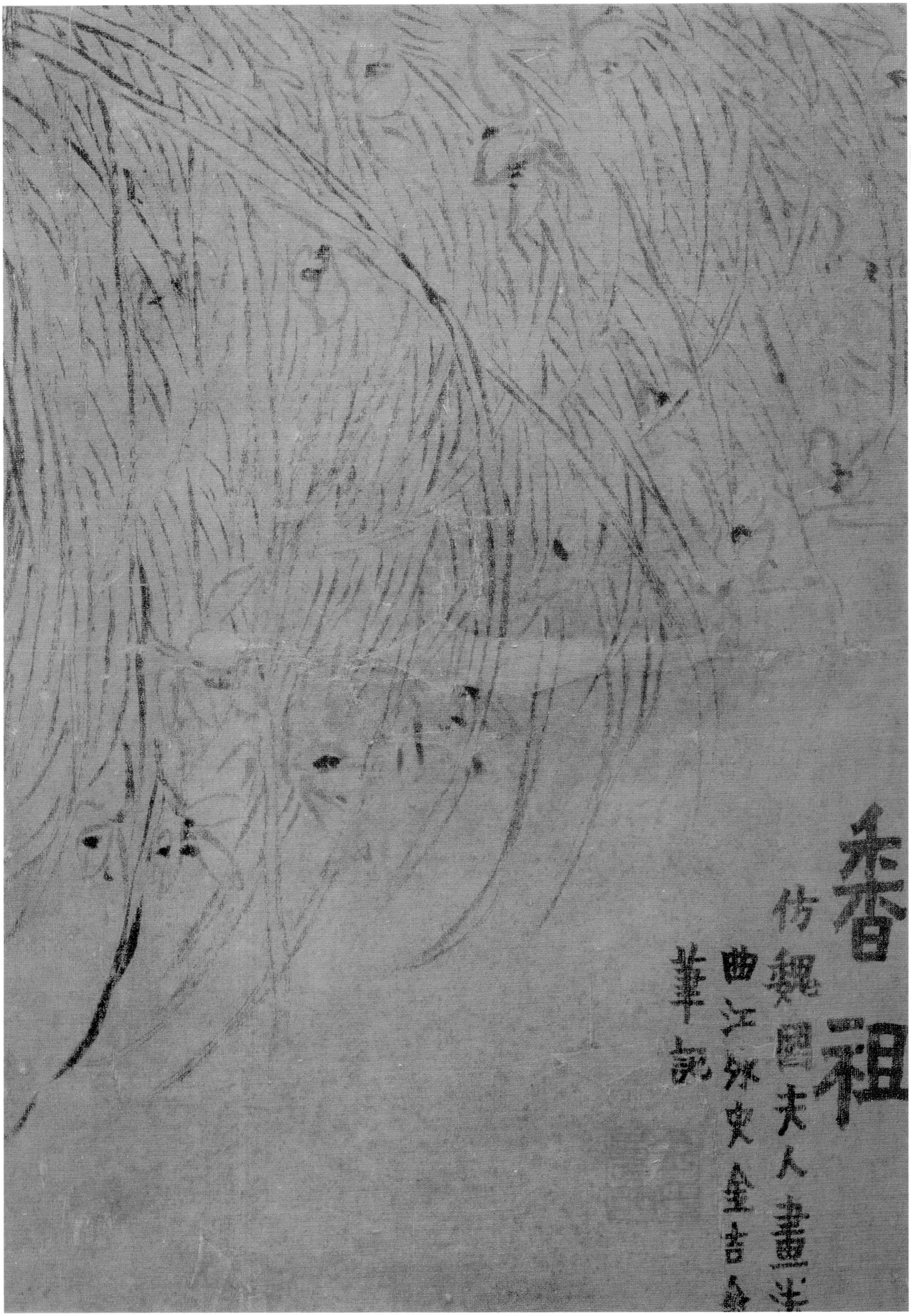

杂画册之五

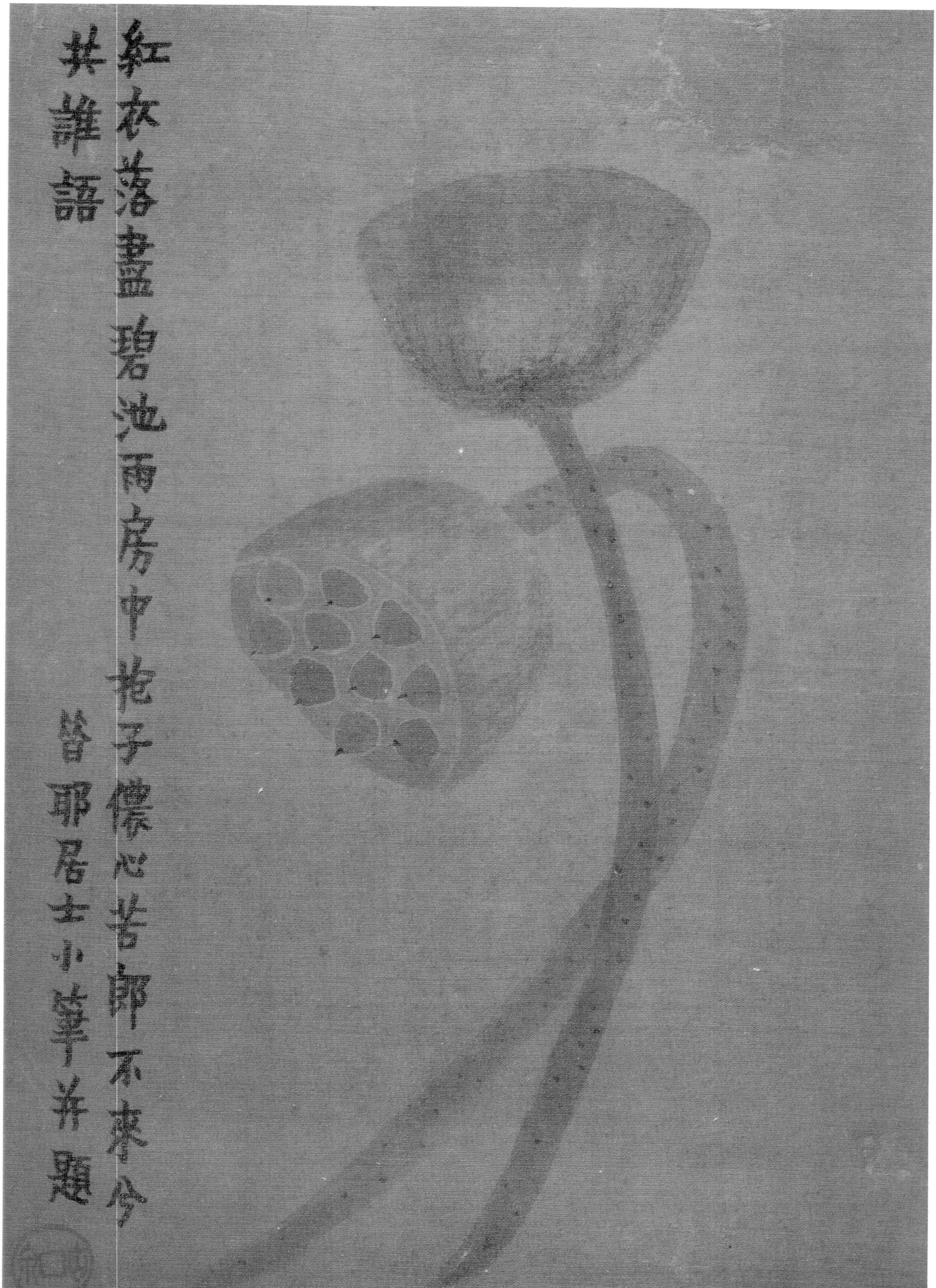
紅衣落盡碧池雨房中抱子儂心苦郎不來兮
共誰語
皆耶居士小筆并題

杂画册之六

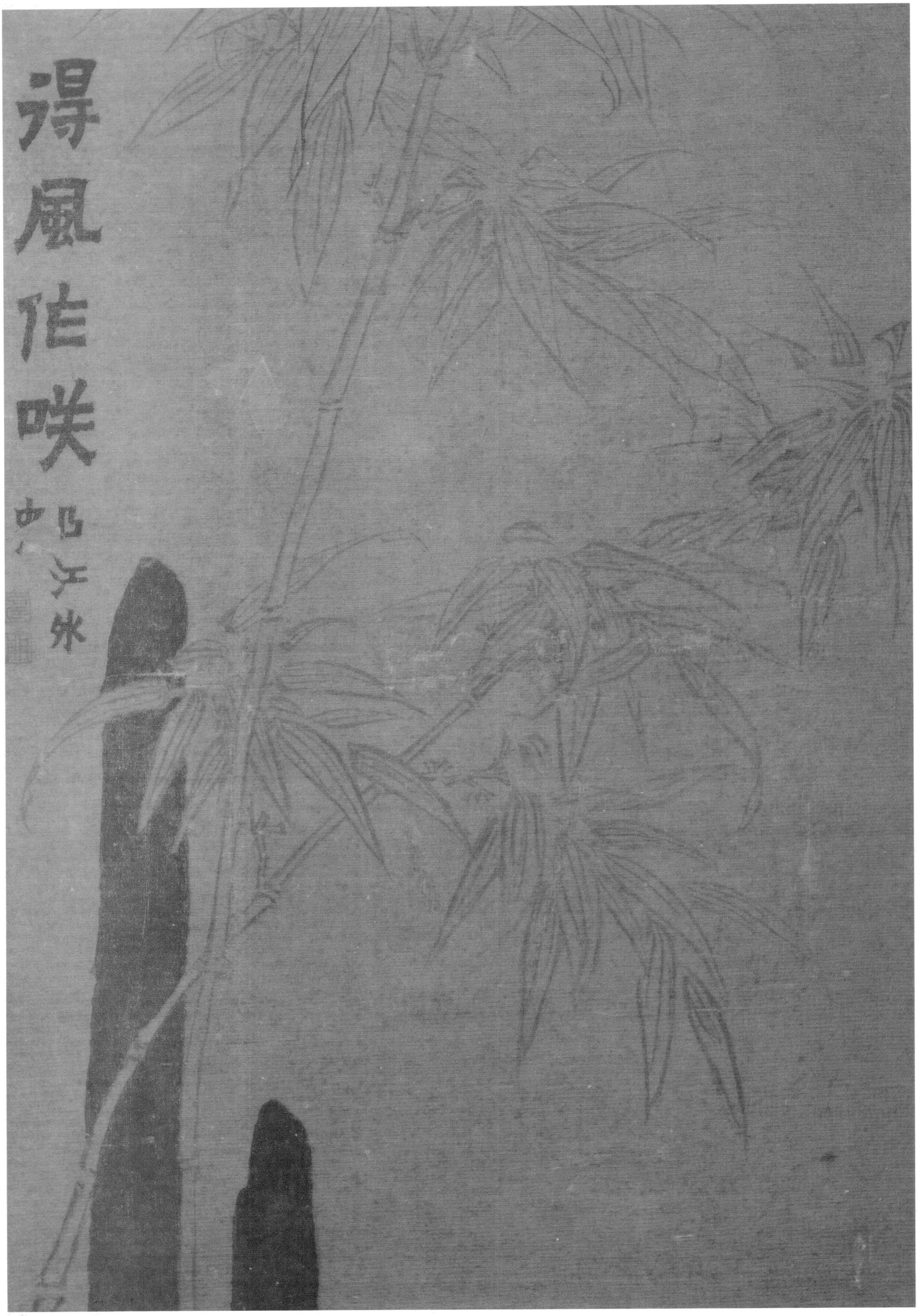

杂画册之七

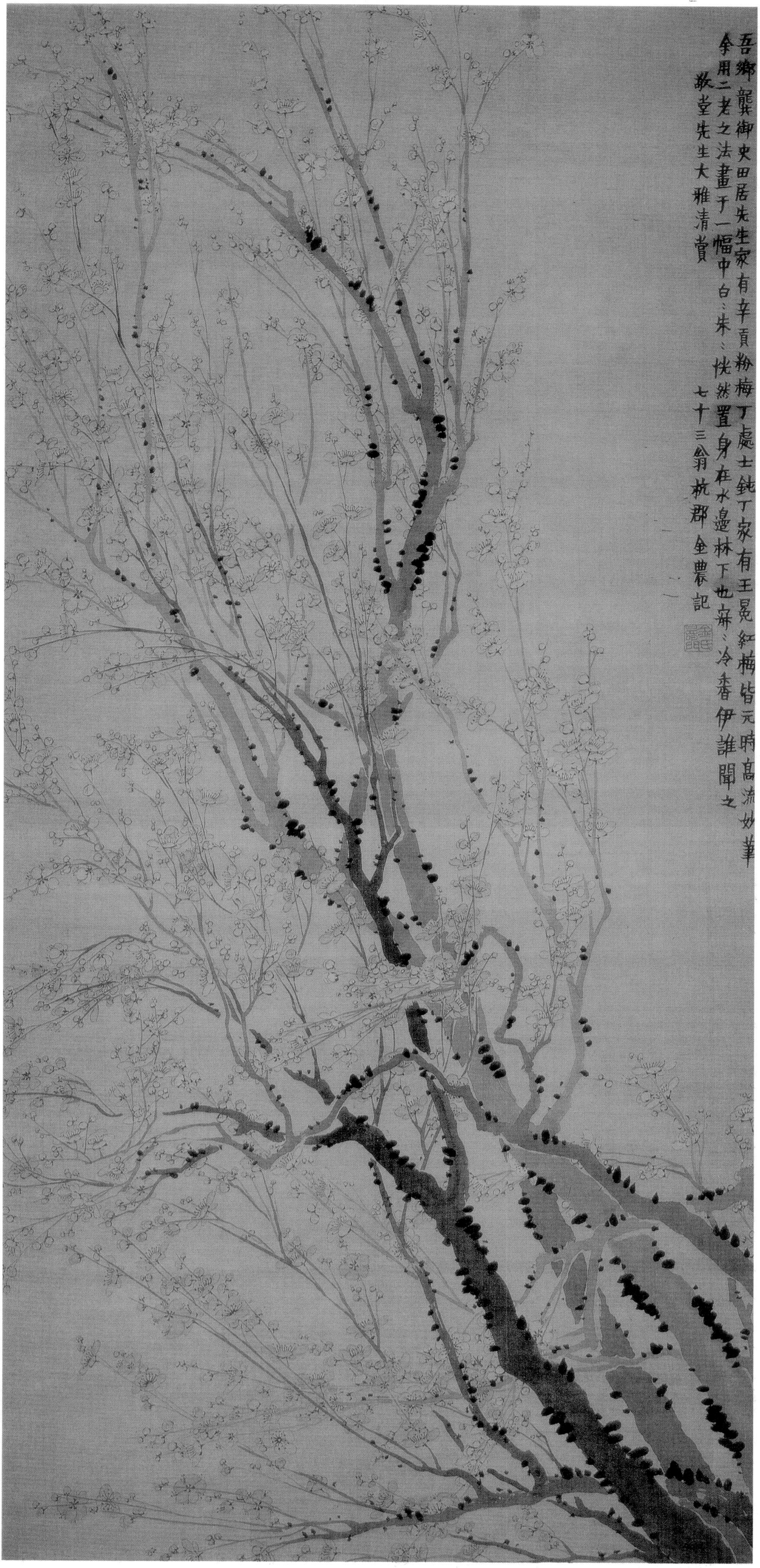
吾鄉龔御史田居先生家有辛貢粉梅丁處士鈍丁家有王冕紅梅皆元時高流妙筆
余用二老之法畫于一幅中白白朱朱恍然置身在水邊林下也耶耶冷香伊誰聞之
敬堂先生大雅清賞
七十三翁杭郡金農記

梅花图

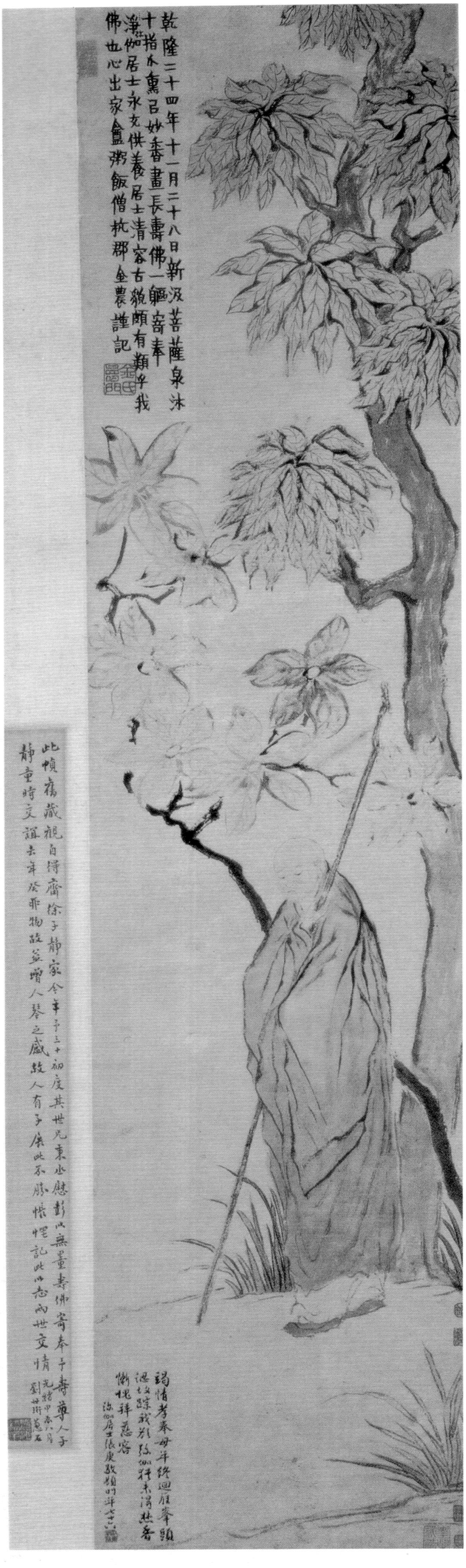
乾隆二十四年十一月二十八日新汲菩薩泉沐
十指焚熏召妙香畫長壽佛一軀寄奉
淨伽居士永充供養居士清容古貌頗有類乎我
佛也心出家盦粥飯僧杭郡金農謹記

长寿佛图

达摩图

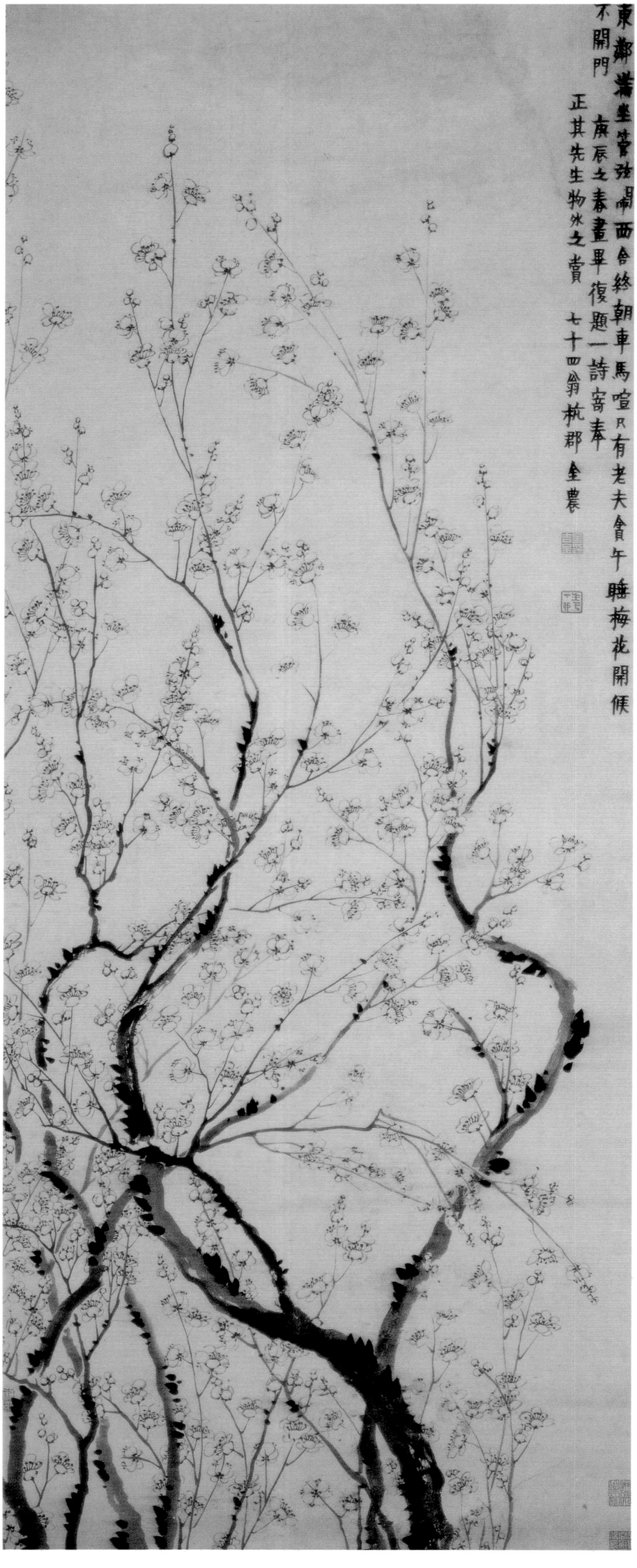
東鄰滿坐管弦鬧西舍終朝車馬喧只有老夫貪午睡梅花開候不開門
庚辰之春畫畢復題一詩寄奉
正其先生物外之賞 七十四翁杭郡金農

墨 梅

风雨归舟

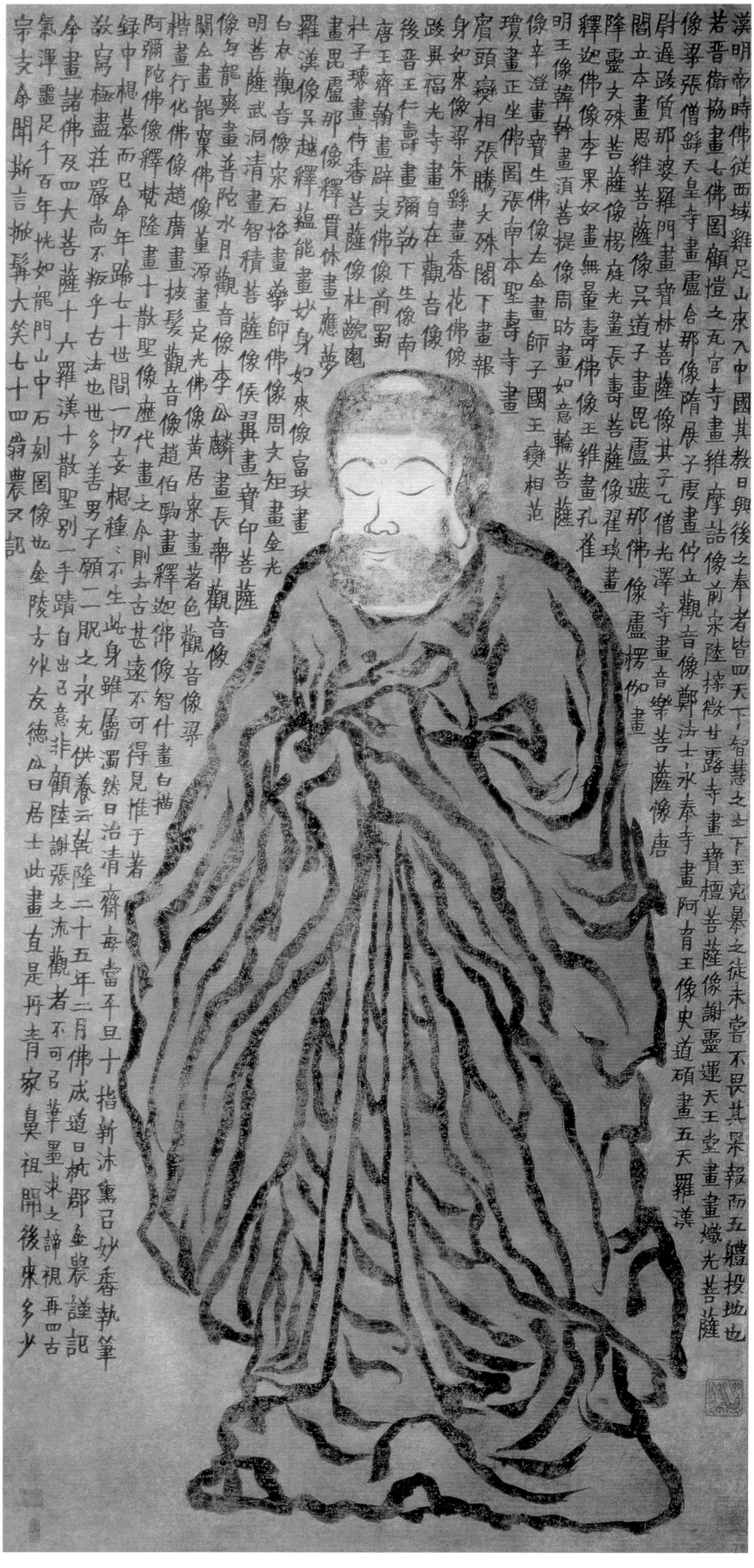
漢明帝時佛從西域雞足山來入中國其教日興後之奉者皆四天下智慧之士下至兇暴之徒未嘗不畏其果報而五體投地也
若晉衛協畫七佛圖顧愷之瓦官寺畫維摩詰像前宋陸探微甘露寺畫讚檀菩薩像謝靈運天王堂畫熾光菩薩
像梁張僧繇天皇寺畫盧舍那像隋展子虔畫佇立觀音像鄭法士永泰寺畫阿育王像史道碩畫五天羅漢
尉遲跋質那婆羅門畫寶林菩薩像其子乙僧光澤寺畫音樂菩薩像唐
閻立本畫思維菩薩像吳道子畫毗盧遮那佛像盧楞伽畫
降靈文殊菩薩像楊庭光畫長壽菩薩像翟琰畫
釋迦佛像李果奴畫無量壽佛像王維畫孔雀
明王像韓幹畫須菩提像周昉畫如意輪菩薩
像辛澄畫寶生佛像左全畫師子國王變相范
瓊畫正坐佛圖張南本聖壽寺畫
窟頭變相張騰文殊閣下畫報
身如來像梁宋繇畫香花佛像
跋異福光寺畫自在觀音像
後晉王仁壽畫彌勒下生像南
唐王齊翰畫辟支佛像前蜀
杜子瓌畫侍香菩薩像杜䶊龜
畫毗盧那像釋貫休畫應夢
羅漢像吳越釋蘊能畫妙身如來像富玫畫
白衣觀音像宋石恪畫藥師佛像周文矩畫金光
明菩薩武洞清畫智積菩薩像侯翼畫寶印菩薩
像勾龍爽畫普陀水月觀音像李公麟畫長帶觀音像
關仝畫龍窠佛像董源畫定光佛像黃居寀畫著色觀音像梁
楷畫行化佛像趙廣畫披髮觀音像趙伯駒畫釋迦佛像智什畫白描
阿彌陀佛像釋梵隆畫十散聖像歷代畫之今則去古甚遠不可得見惟于著
錄中想慕而已今年踰七十世間一切妄想種種不生此身雖屬溷然日治清齋每當平旦十指新沐熏以妙香執筆
敬寫極盡莊嚴尚不叛乎古法也世多善男子願一一服之永充供養云乾隆二十五年二月佛成道日杭郡金農謹記
余畫諸佛及四大菩薩十六羅漢十散聖別一手蹟自出己意非顧陸謝張之流觀者不可以筆墨求之諦視再四古
氣渾靈足千百年恍如龍門山中石刻圖像也金陵方外友德風日居士此畫直是丹青家真祖開後來多少
宗支余聞斯言掀髯大笑七十四翁農又記

设色佛像

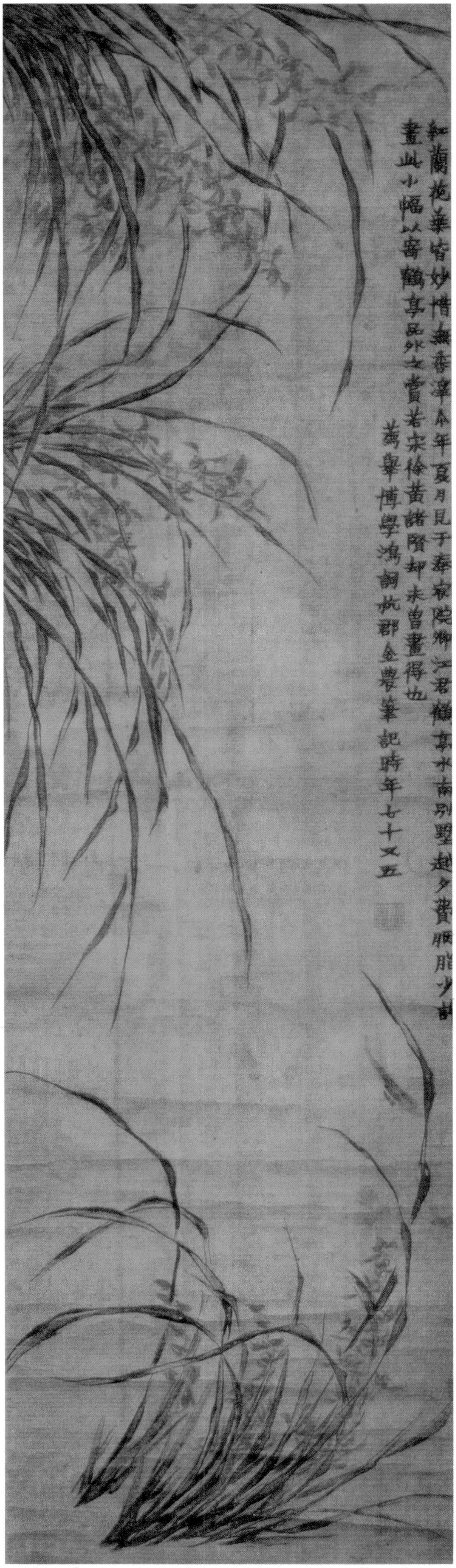
紅蘭花葉皆妙惜無香澤本年夏月見于春家院鄉江君鶴亭水南別墅越夕費胭脂少許
畫此小幅以寄鶴亭品外之賞若宋徐黃諸賢卻未曾畫得也
薦舉博學鴻詞杭郡金農筆記時年七十又五

兰花图

梅　花

田居先生為吾鄉前輩舊為監察御史每得名蹟必招賞于清池白石間其蓄元至人辛少府貢粉梅墩春繁枝
密萼花光迷離恍如曉雪之方開也先生最愛予小詩索題紙尾者三忽忽五十年情事矣先生逝後古畫屬他人畫亦逆失今
凝想寫之玉壺春色髣髴江路野橋二月也
薦舉博學宏詞杭郡金農畫記時年七十又五

梅 花

龍池三浴歲駸駸空抱馳驅報主心牽向
朱門問高價何人一顧值千金
七十五叟杭郡金農畫詩書

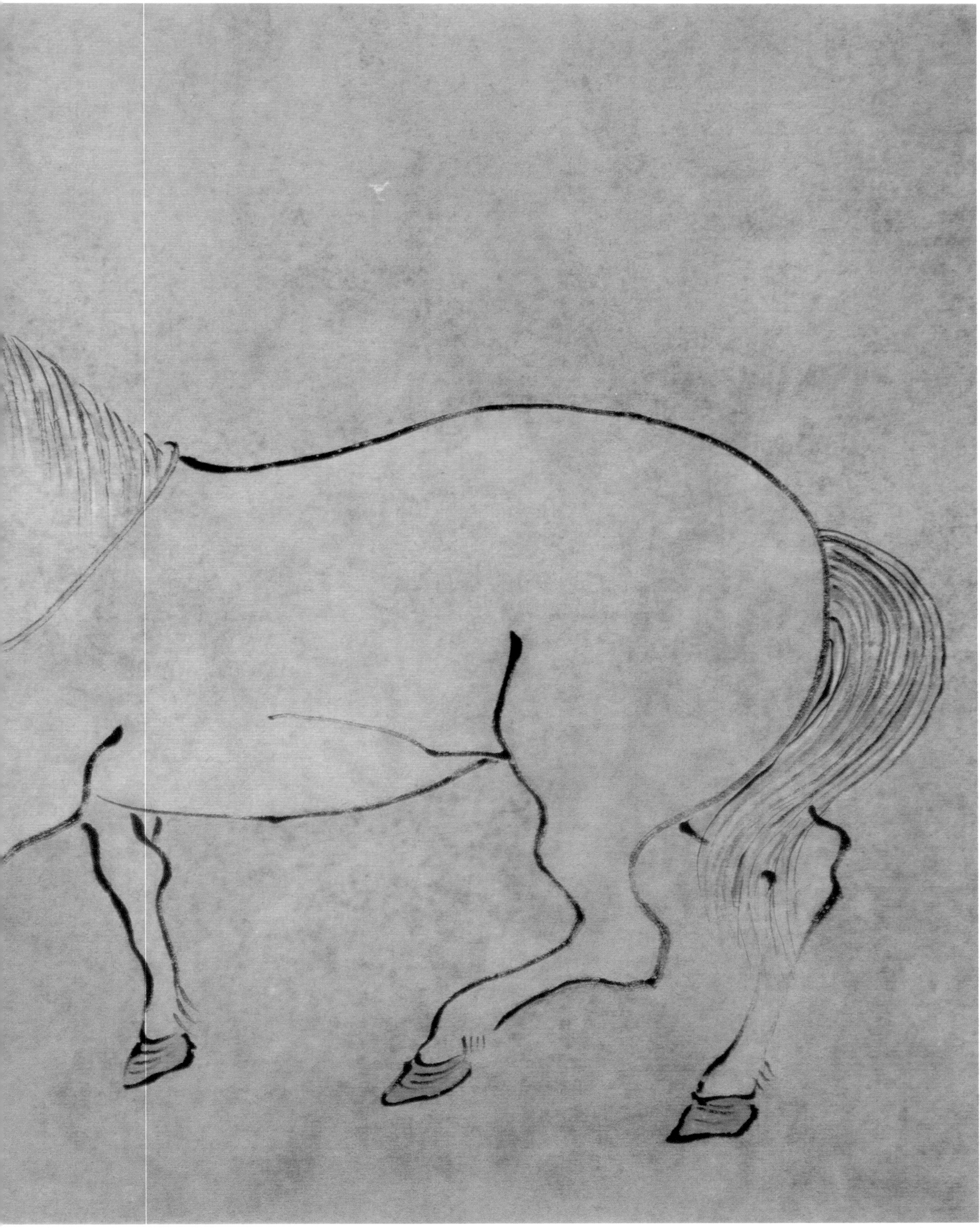

牵马图

田居先生為吾鄉前輩舊為監察御史每得名蹟必招賓于清池白石間其藏元至大辛少府貢粉梅縑卷繁枝
密萼花光迷離恍如曉雪之方開也先生最愛予小詩書題紙尾者三忽忽五十年情事矣先生逝後定屬他人畫亦遂失今
擬想寫之玉壺春色髣髴江路野橋二月也
薦舉博學宏詞杭郡金農畫記時年七十又五

玉壶春色

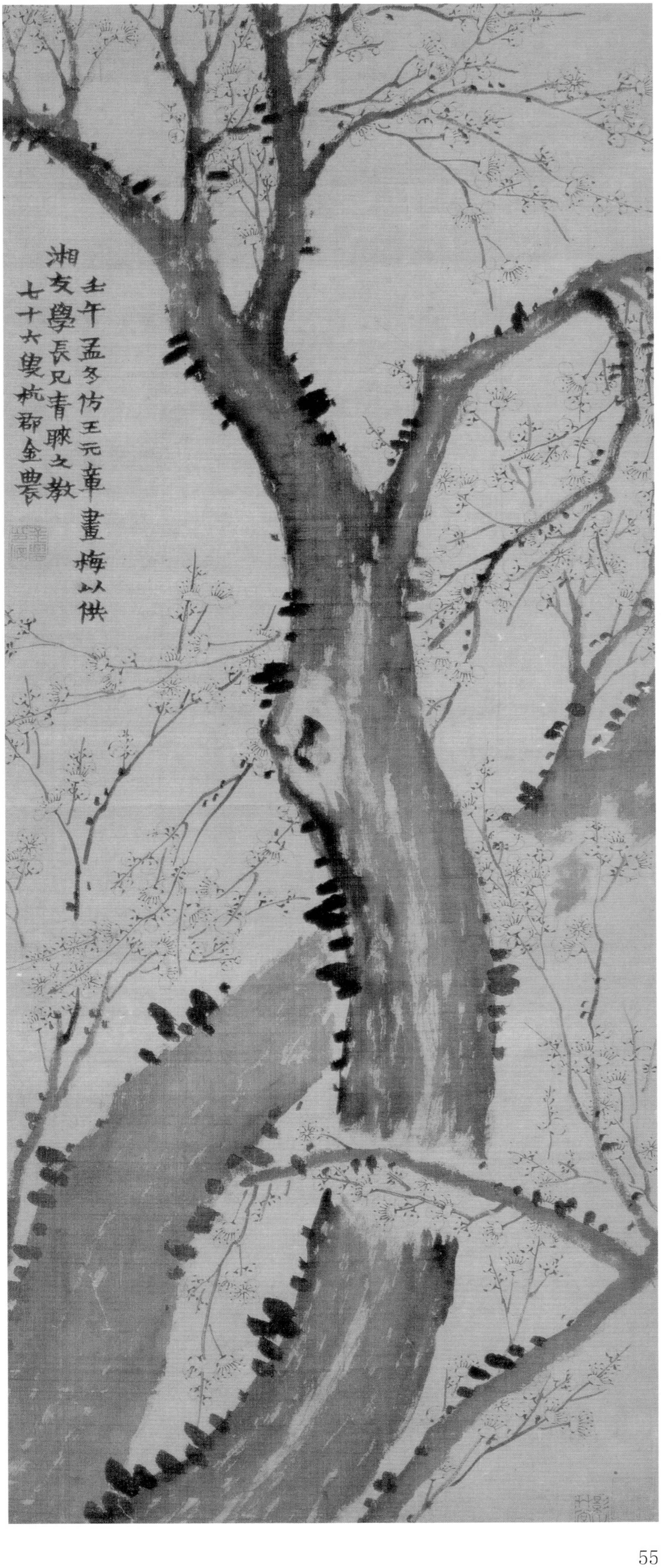
壬午孟冬仿王元章畫梅以供
湘友學長兄青睞之教
七十六叟杭郡金農

梅 花

杭郡金農畫

二三月柳枝柔花枝溼風〻雨〻春愁絶
紅綬廳前金明池上可有者般顔色只少
箇人翠袖立
龍梭舊客畫桃柳小景并題

花卉册

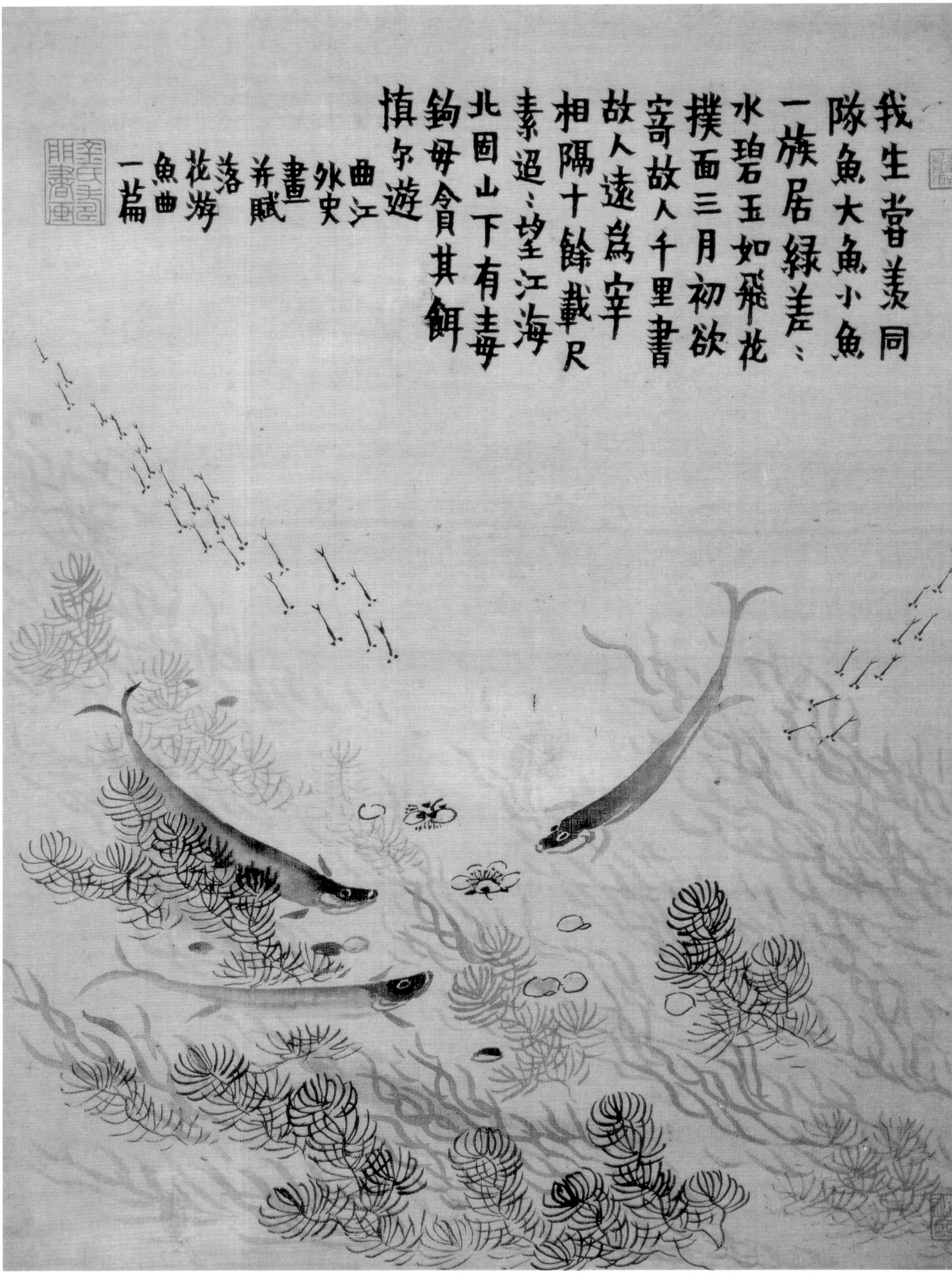
我生甞羨同
隊魚大魚小魚
一族居緑差〻
水碧玉如飛花
撲面三月初欲
寄故人千里書
故人遠為牢
相隔十餘載尺
素迢〻望江海
北固山下有毒
鉤毋貪其餌
慎尔遊
曲江
外史
畫
并賦
落
花游
魚曲
一篇

花卉册之二

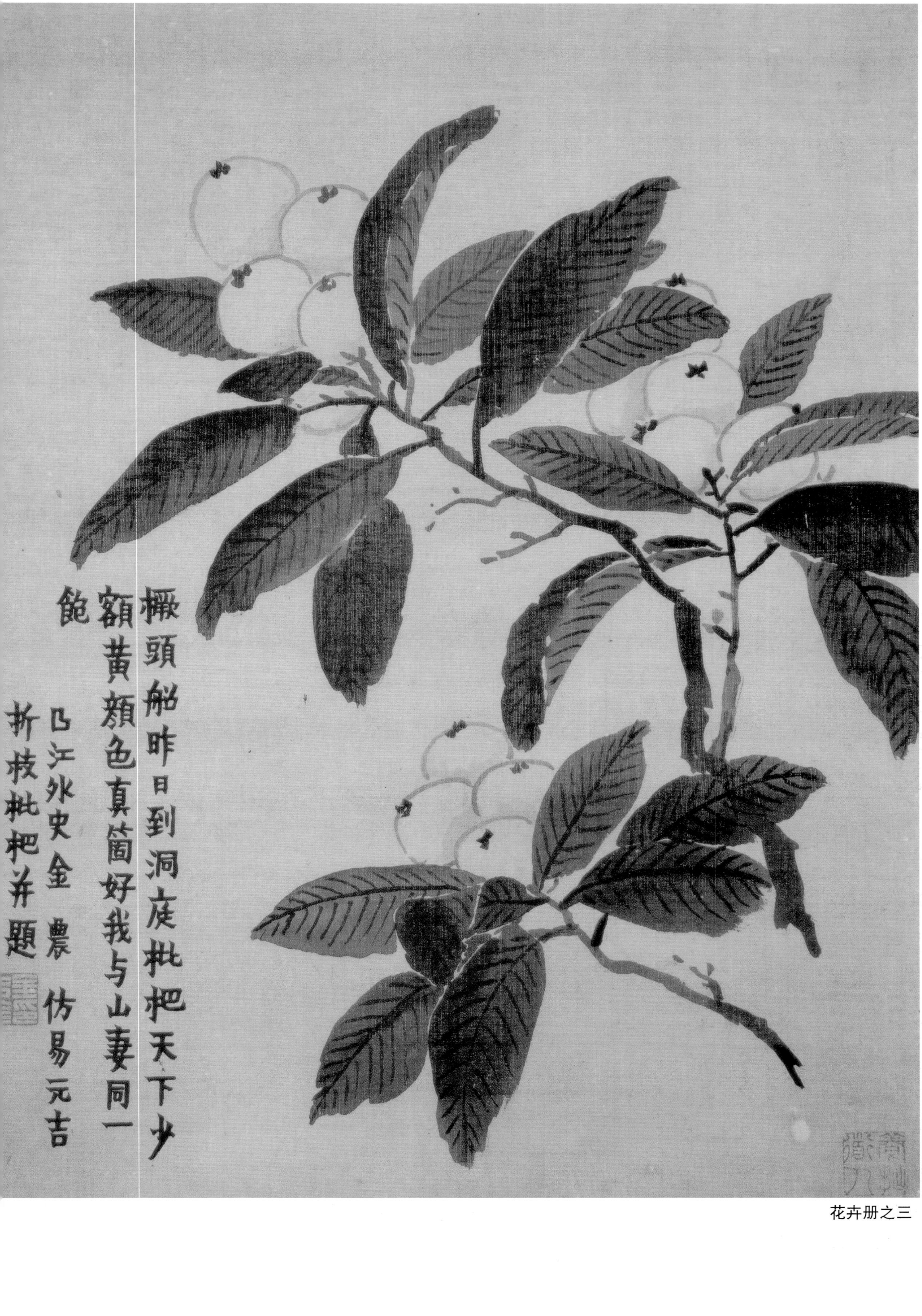
橛頭船昨日到洞庭枇杷天下少
額黃頰色真箇好我与山妻同一
飽
乙江外史金 農 仿易元吉
折枝枇杷并題

花卉册之三

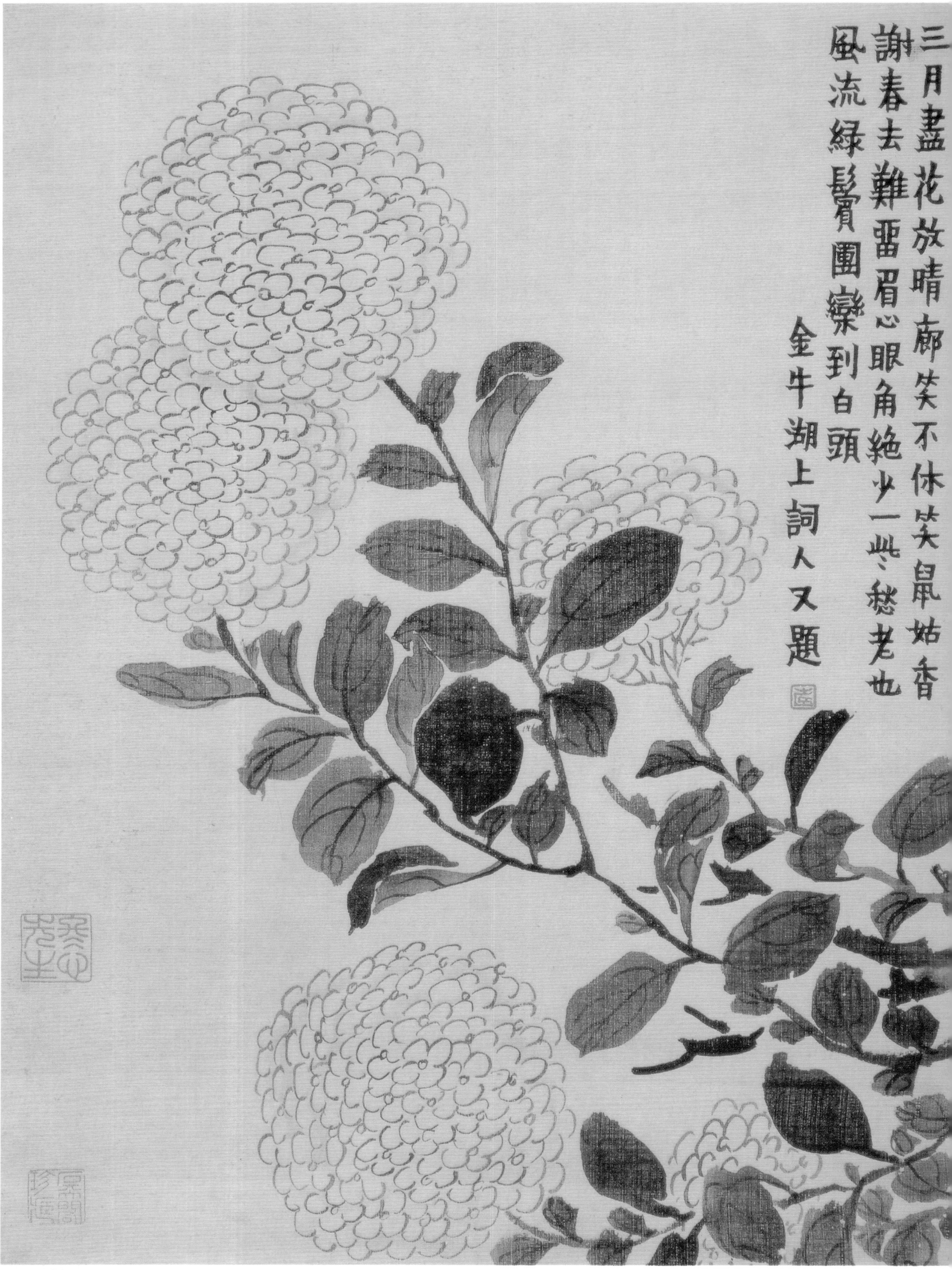
三月盡花放晴廊笑不休笑鼠姑香
謝春去難畱眉心眼角絶少一些々愁老也
風流綠鬢團欒到白頭
金牛湖上詞人又題

花卉册之四

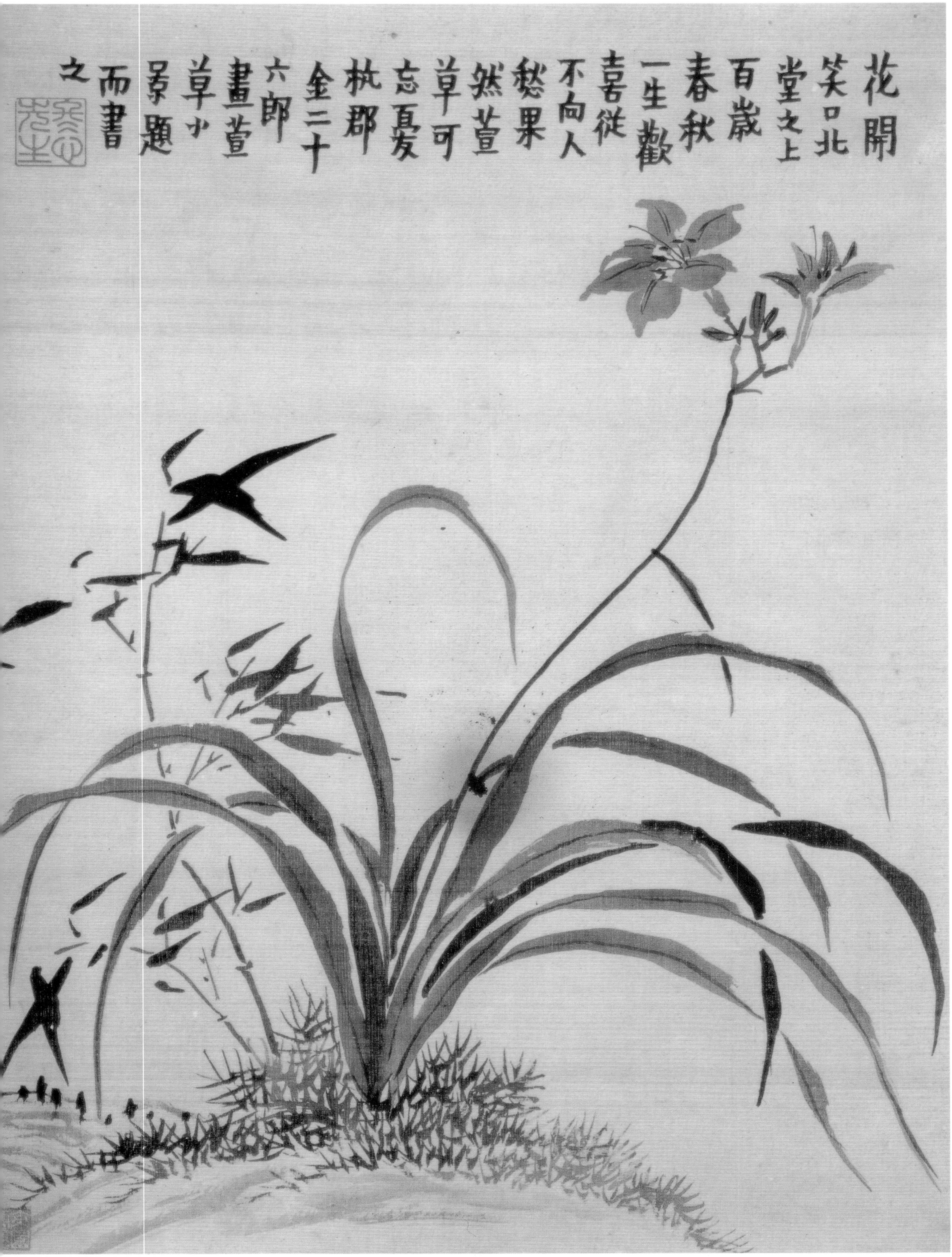
花開笑口北堂之上百歲春秋一生歡喜從不向人愁果然萱草可忘憂杭郡金二十六郎畫萱草少曼題而書之

花卉册之五

花卉册之六

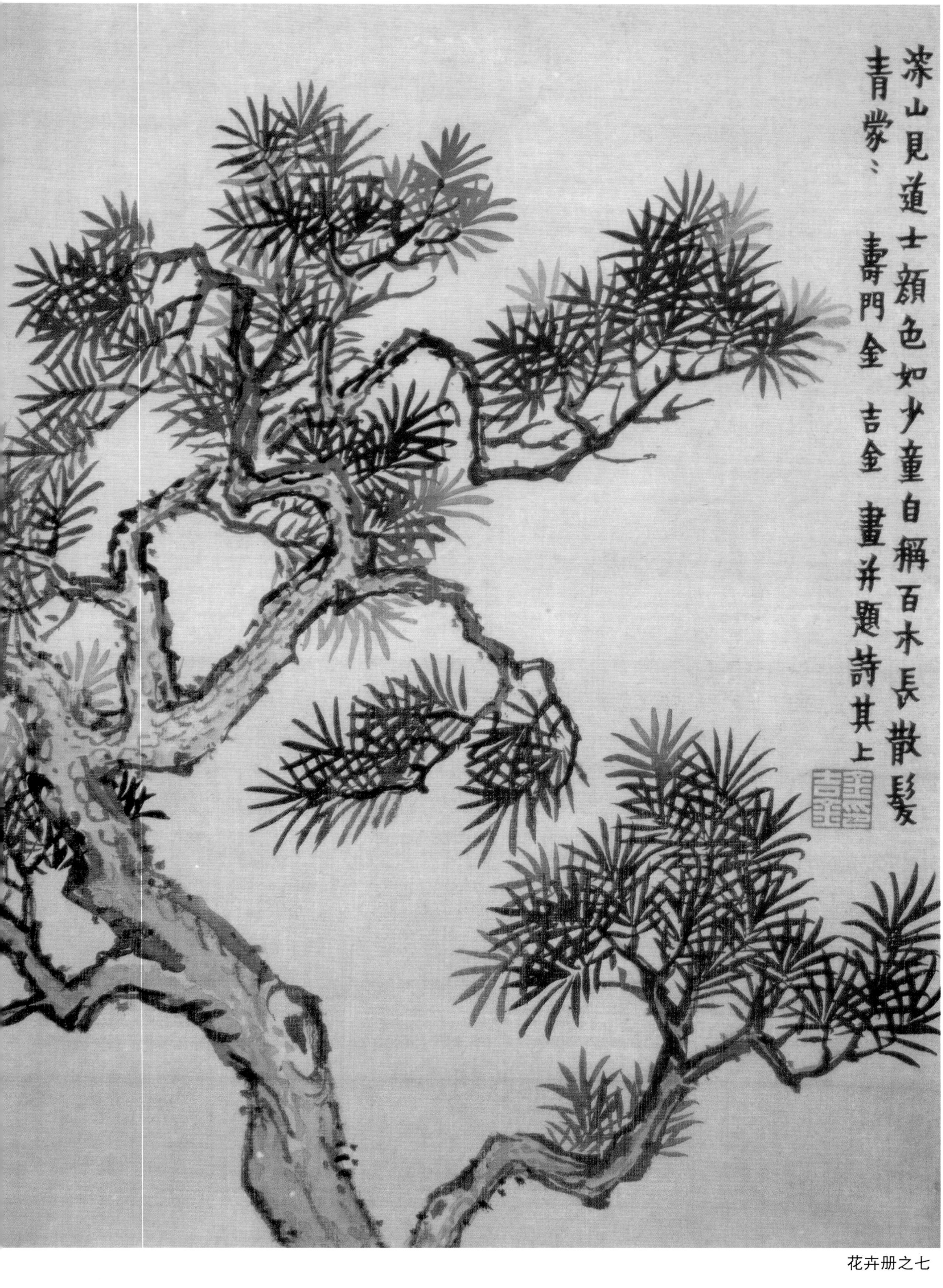
漆山見道士顔色如少童自稱百木長散髮
青蒙〻 壽門金吉金畫并題詩其上

花卉册之七

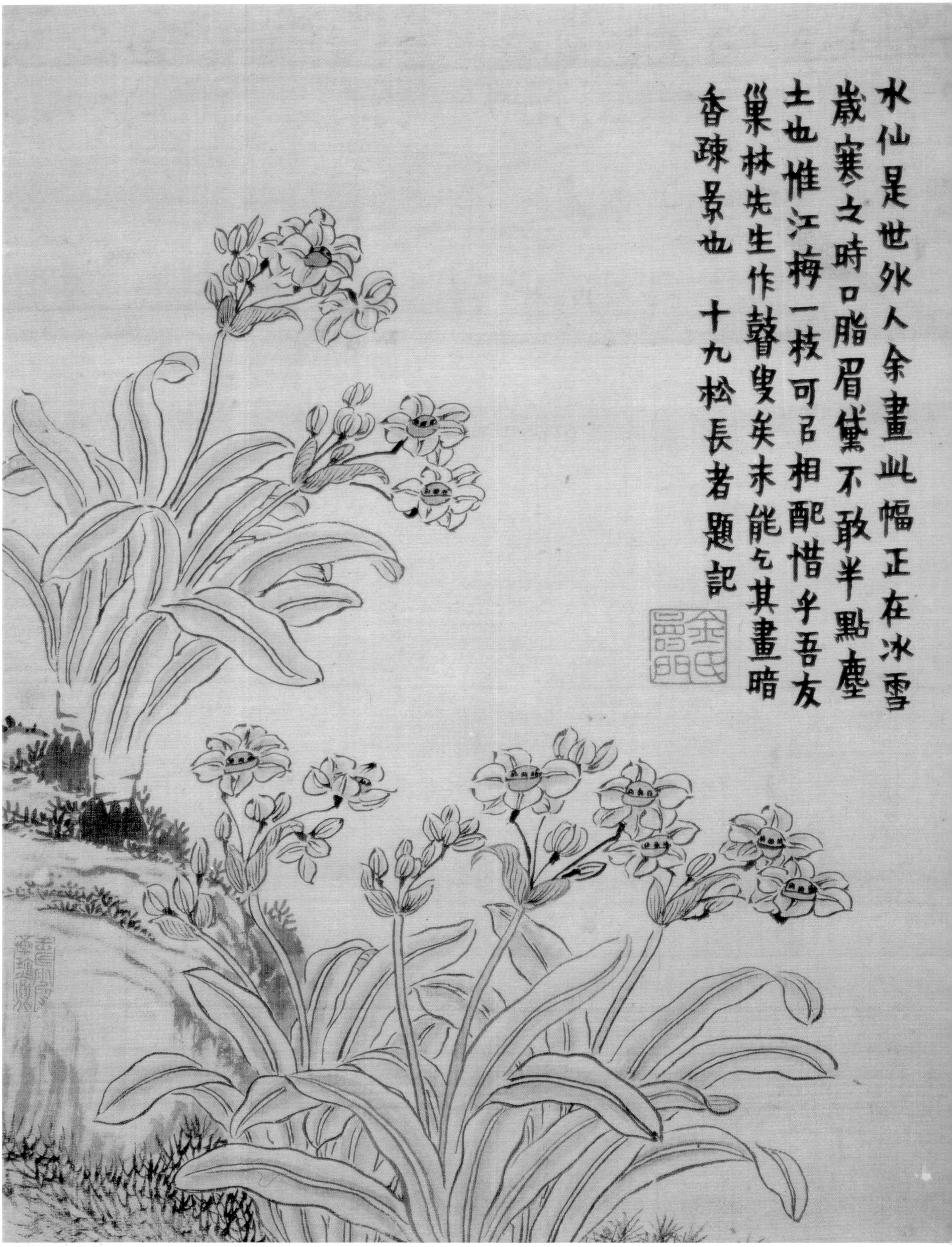
水仙是世外人余畫此幅正在冰雪
歲寒之時口脂眉黛不敢半點塵
土也惟江梅一枝可以相配惜乎吾友
巢林先生作聱叟矣未能乞其畫暗
香疎景也　十九松長者題記

花卉册之八

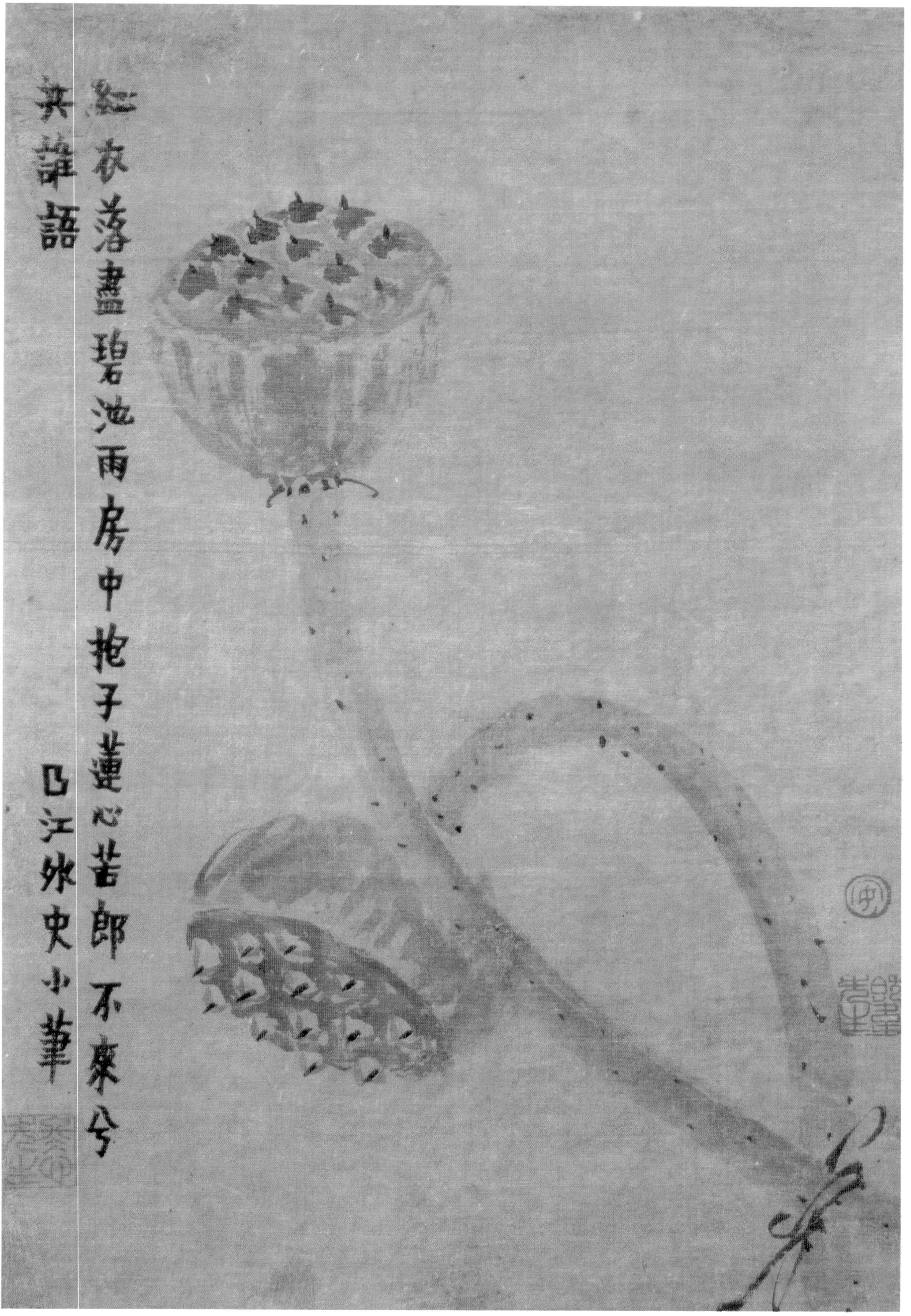
紅衣落盡碧池雨房中抱子蓮心苦郎不來兮
其誰語
巴江外史小筆

书画合册

一繩天外雁來初露
脚涼飛月魄壺沅芷
澧蘭驂客遠朱橘粉
郭酒人蹤須憐夜杓
難同飲莫悵風帆少
定居憂尒洞庭吹笛
賤管幸傾倒老尚書
寄岳州黃處士端齡
一首

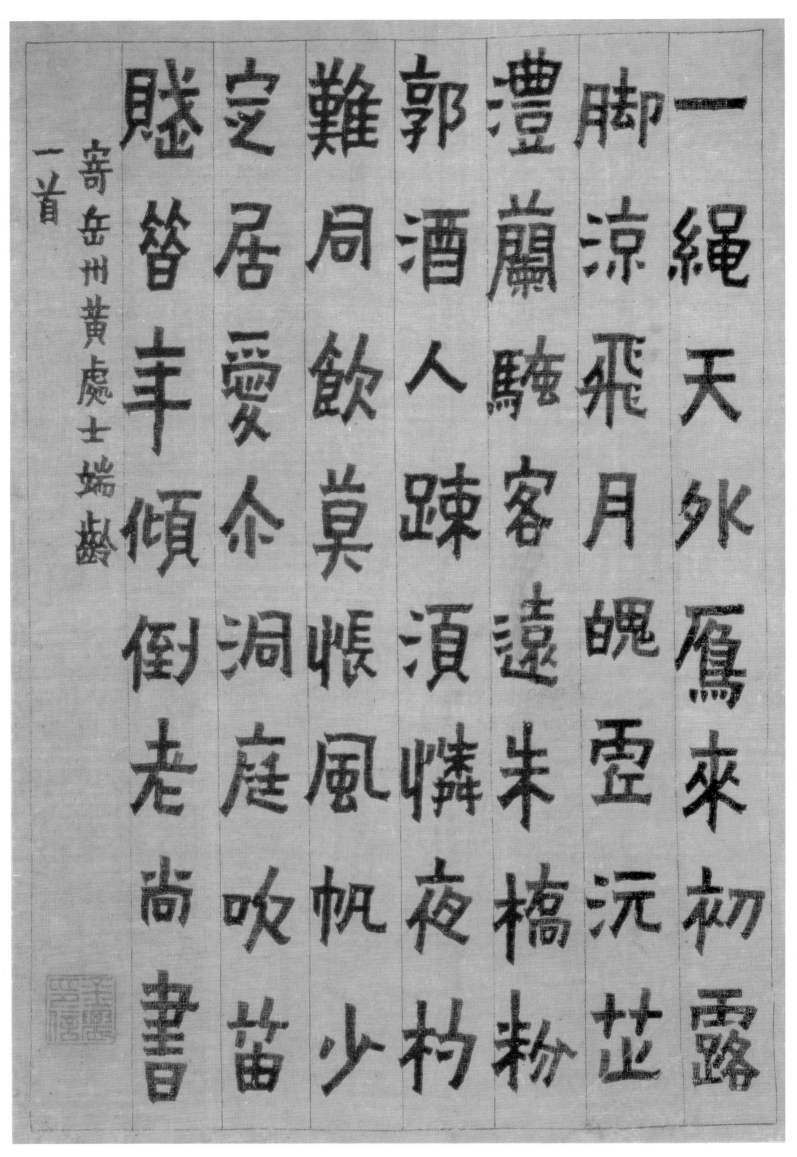

书画合册之二

书画合册之三

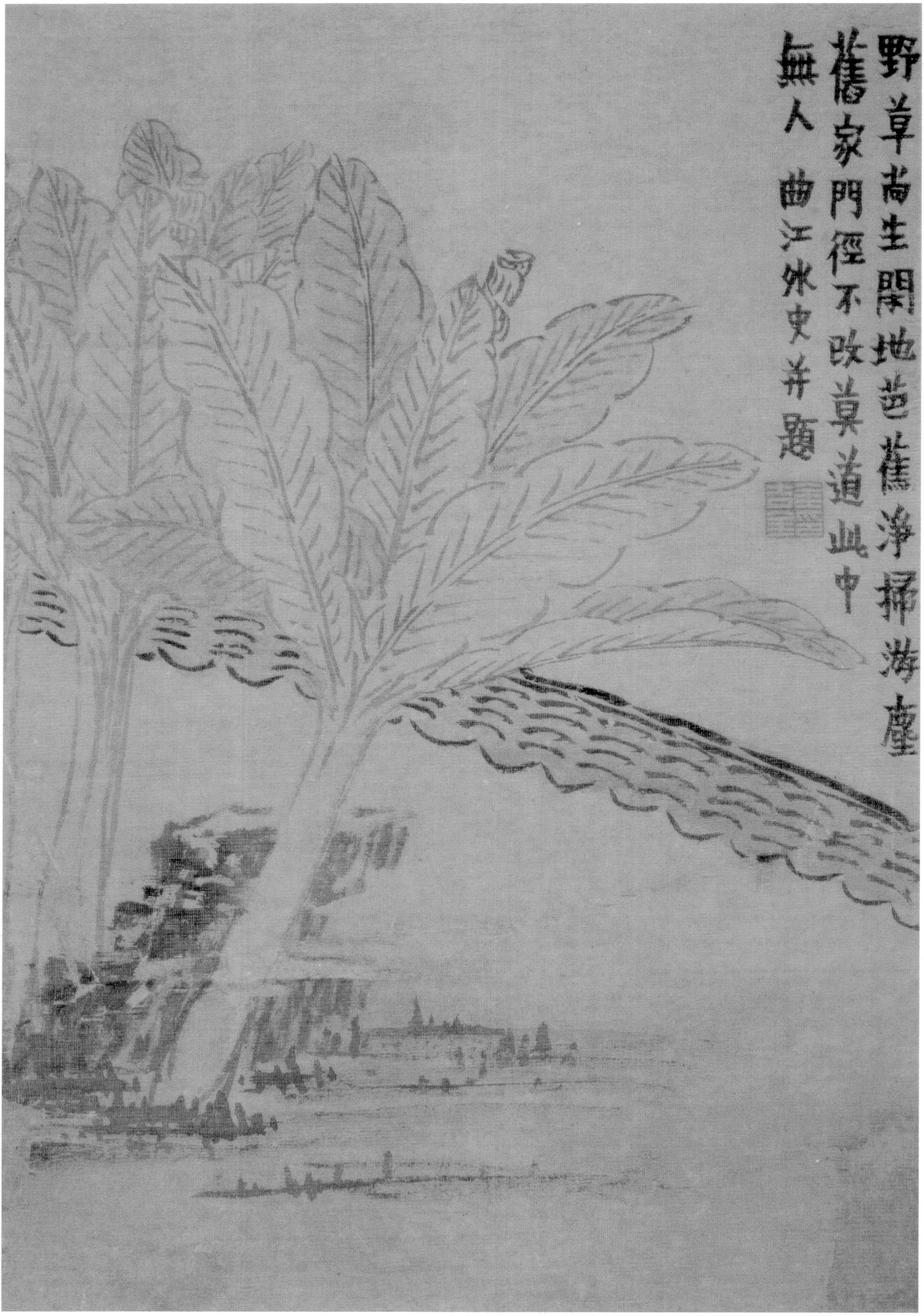
野草尚生閑地芭蕉淨掃游塵
舊家門徑不改莫道此中
無人 曲江外史并題

书画合册之四

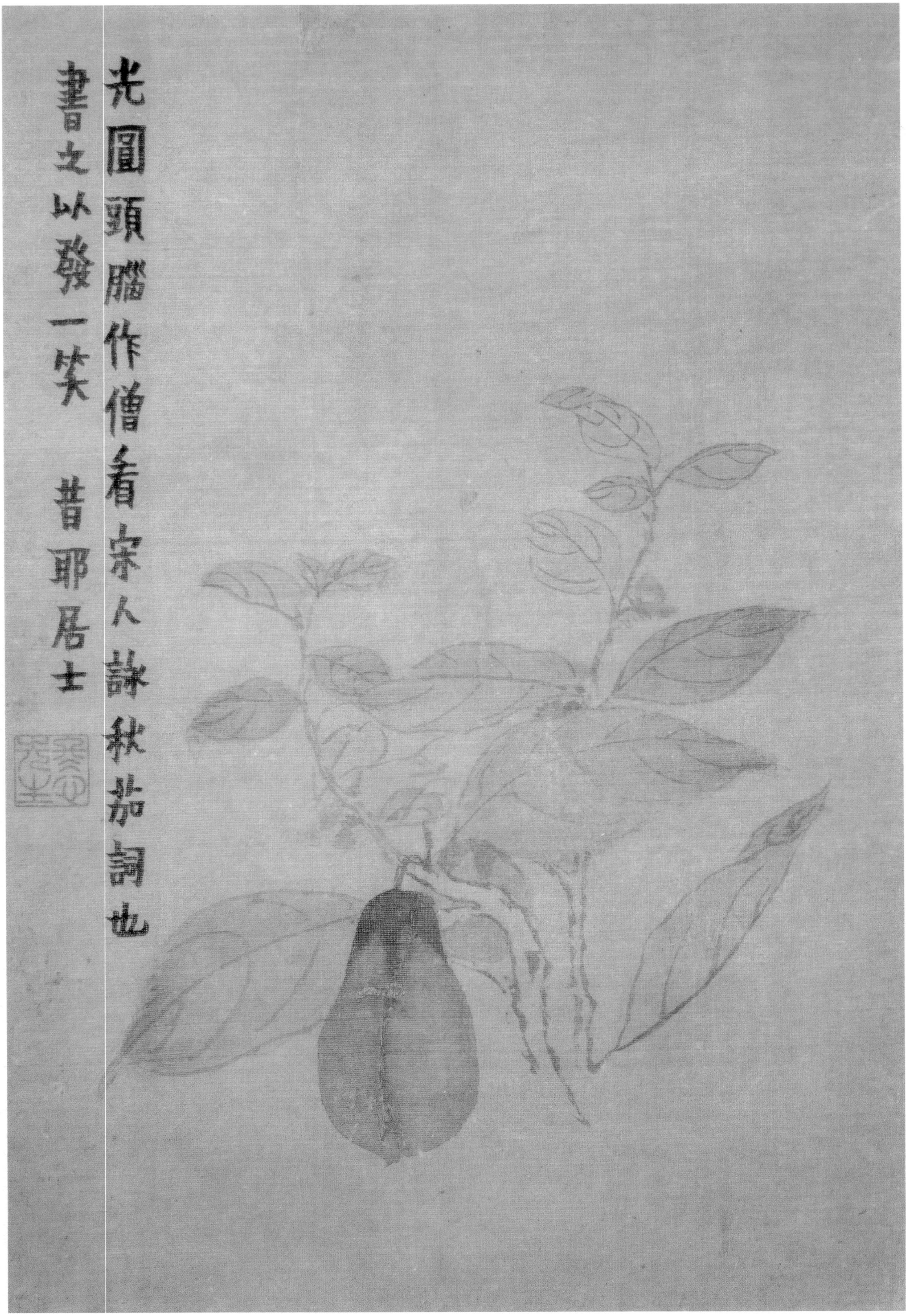
光圓頭腦作僧看宋人詠秋茄詞也
書之以發一笑 昔耶居士

书画合册之五

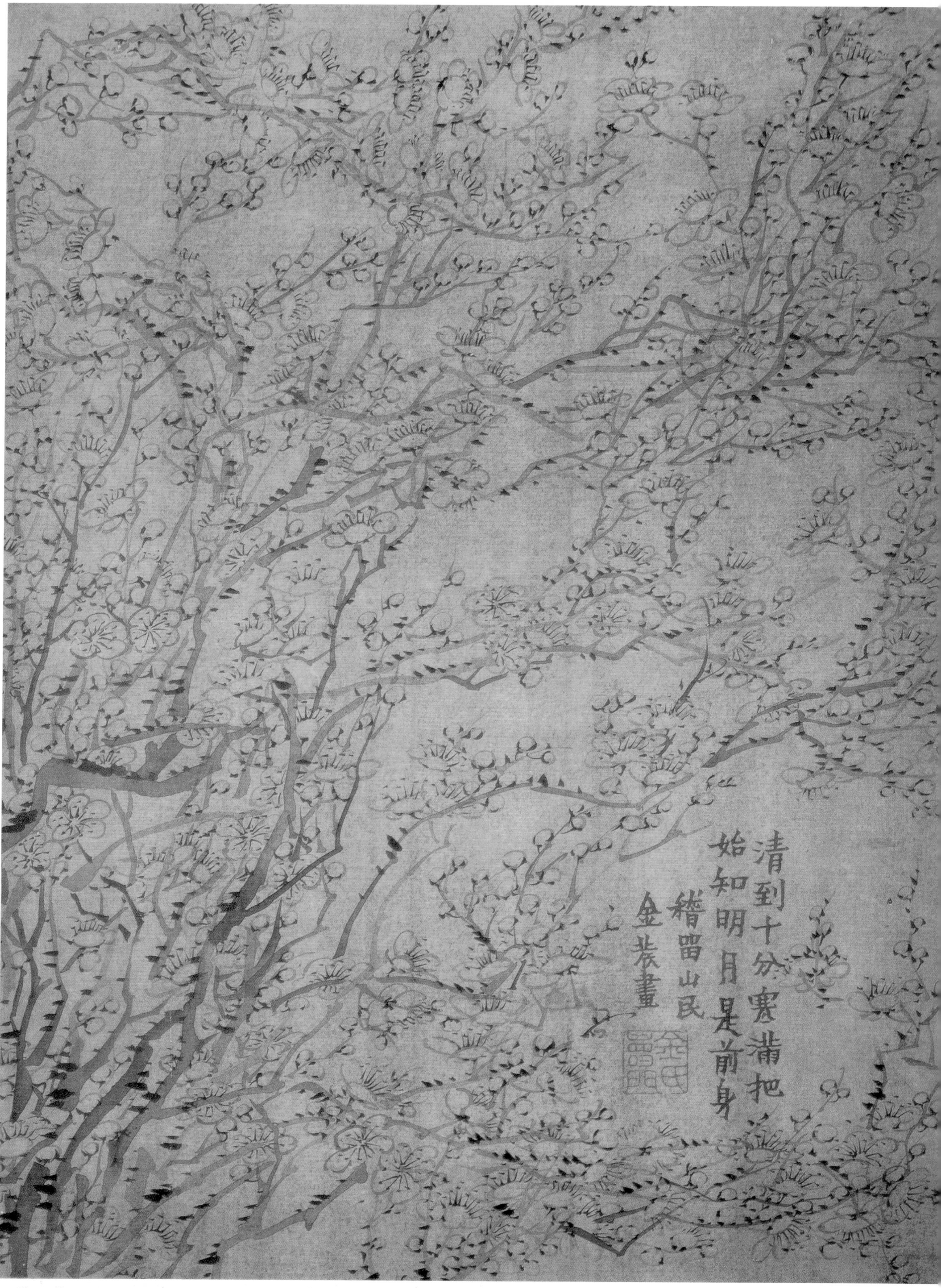
清到十分寒滿把
始知明月是前身
稽留山民
金農畫

梅 花

药师佛像

梅　花

應識前身是明月嬰主
猶得到梅夢
儒壇掃花奴舍農
澄窩數揭

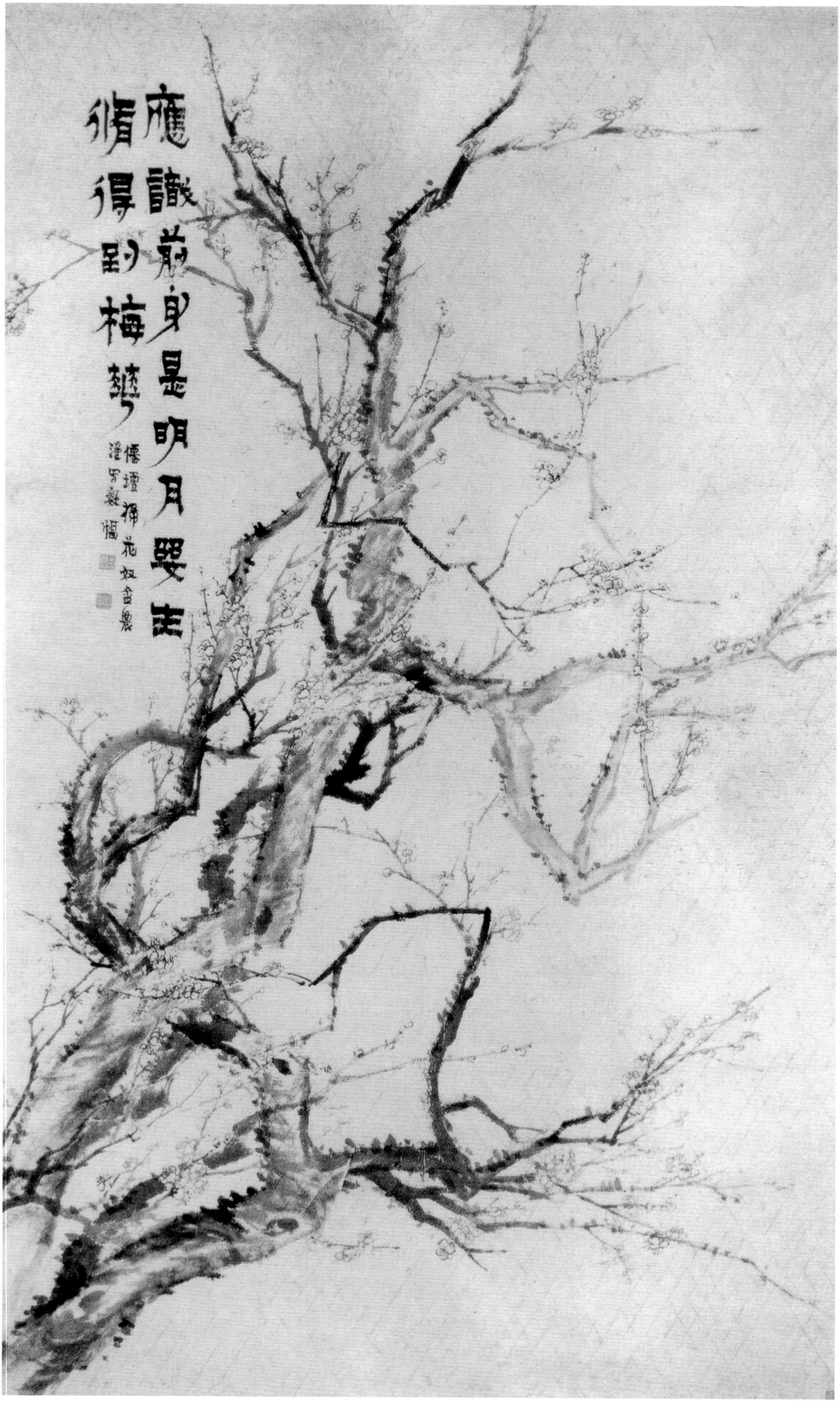

梅花轴

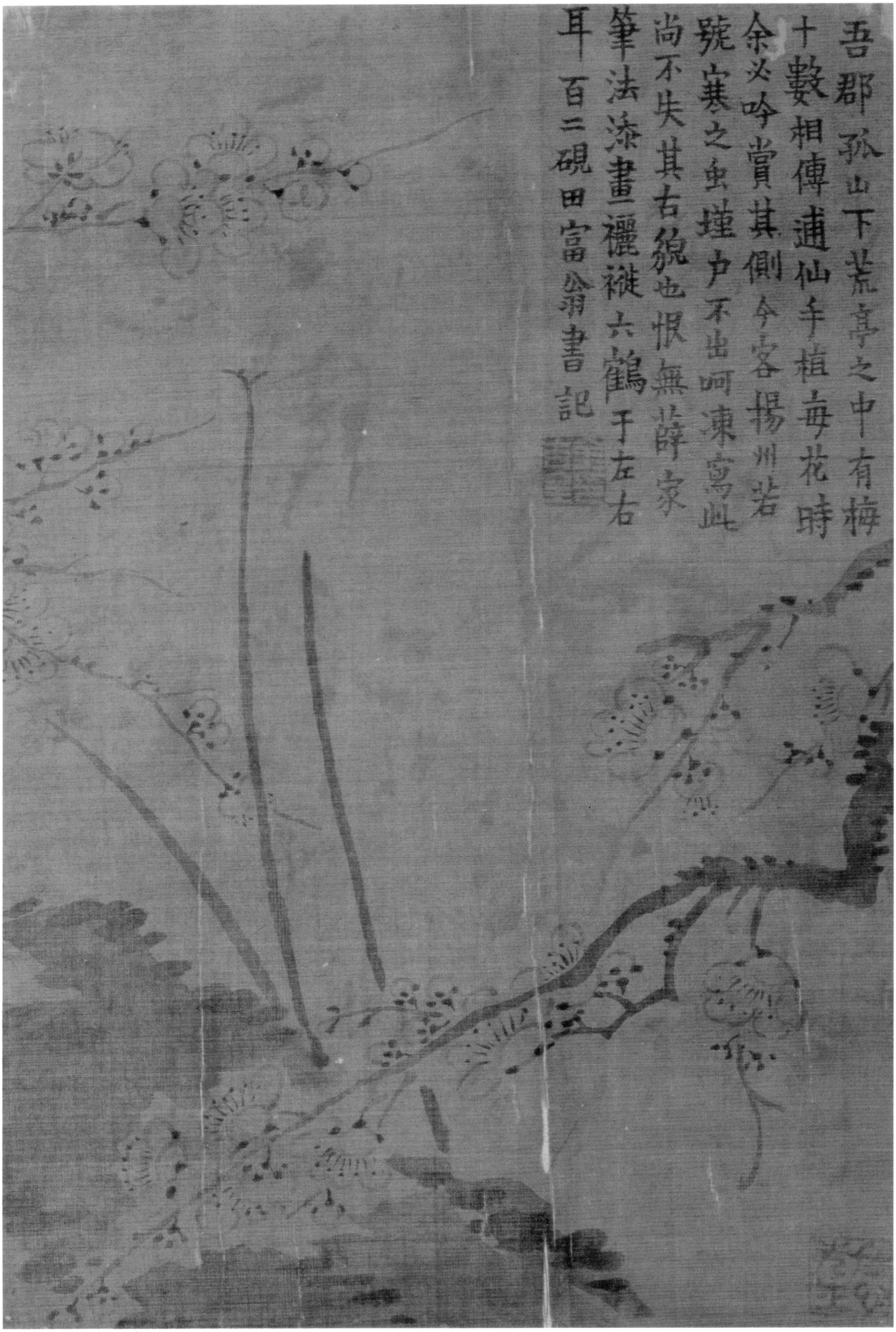
吾郡孤山下荒亭之中有梅
十數相傳逋仙手植每花時
余必吟賞其側今客揚州若
號寒之虫墐户不出呵凍寫此
尚不失其古貌也恨無薛家
筆法添畫纚縱六鶴于左右
耳 百二硯田富翁書記

梅

佛門以灑掃為第一執事自沙弥至老秃無不
早起勤作也香林有塔掃而洗洗而又掃舍利放
大光明不在塔中而在手中矣
蘇伐羅吉蘇伐羅記

香林抱塔图

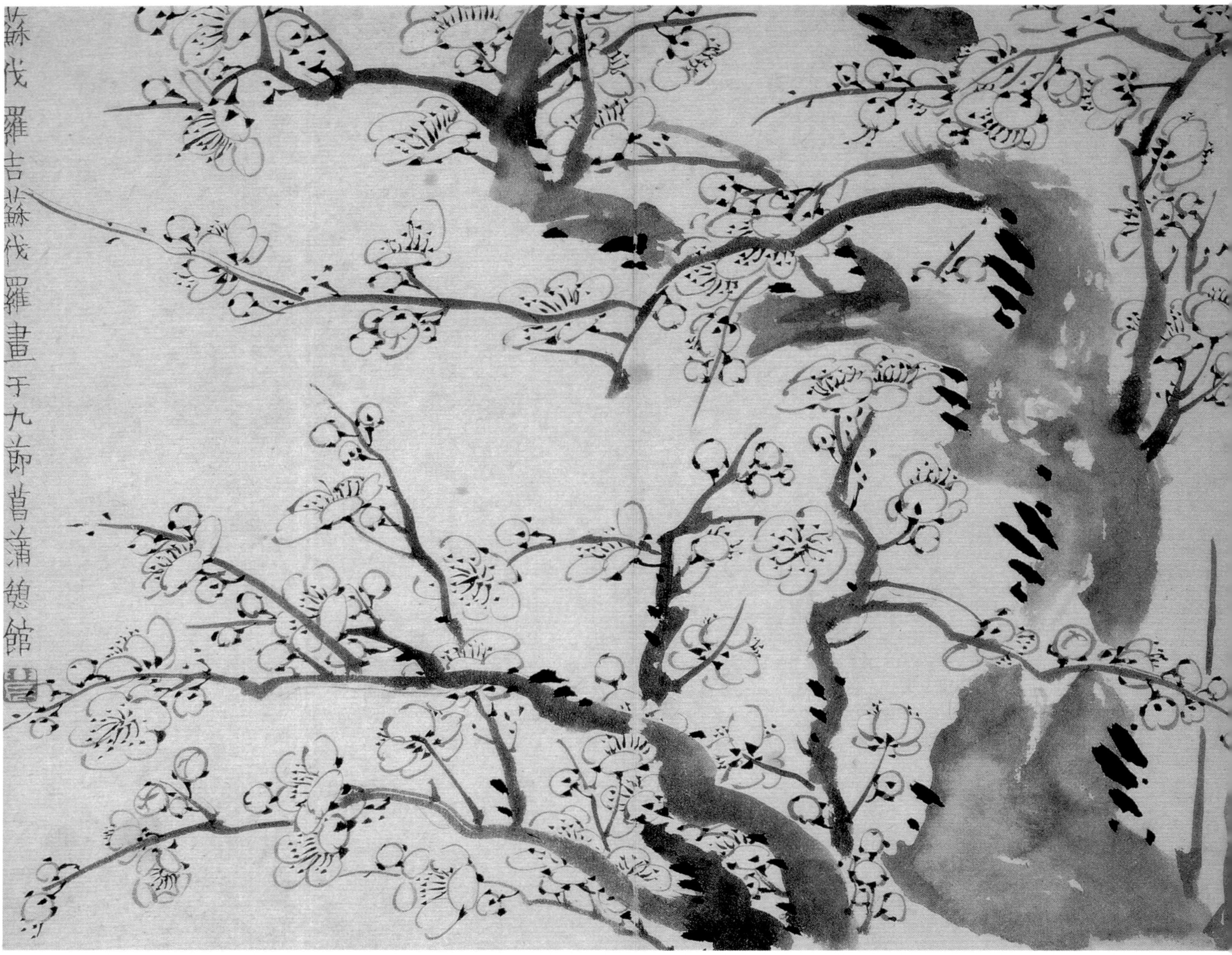
蘇伐羅吉蘇伐羅畫于九節菖蒲憩館

梅花册

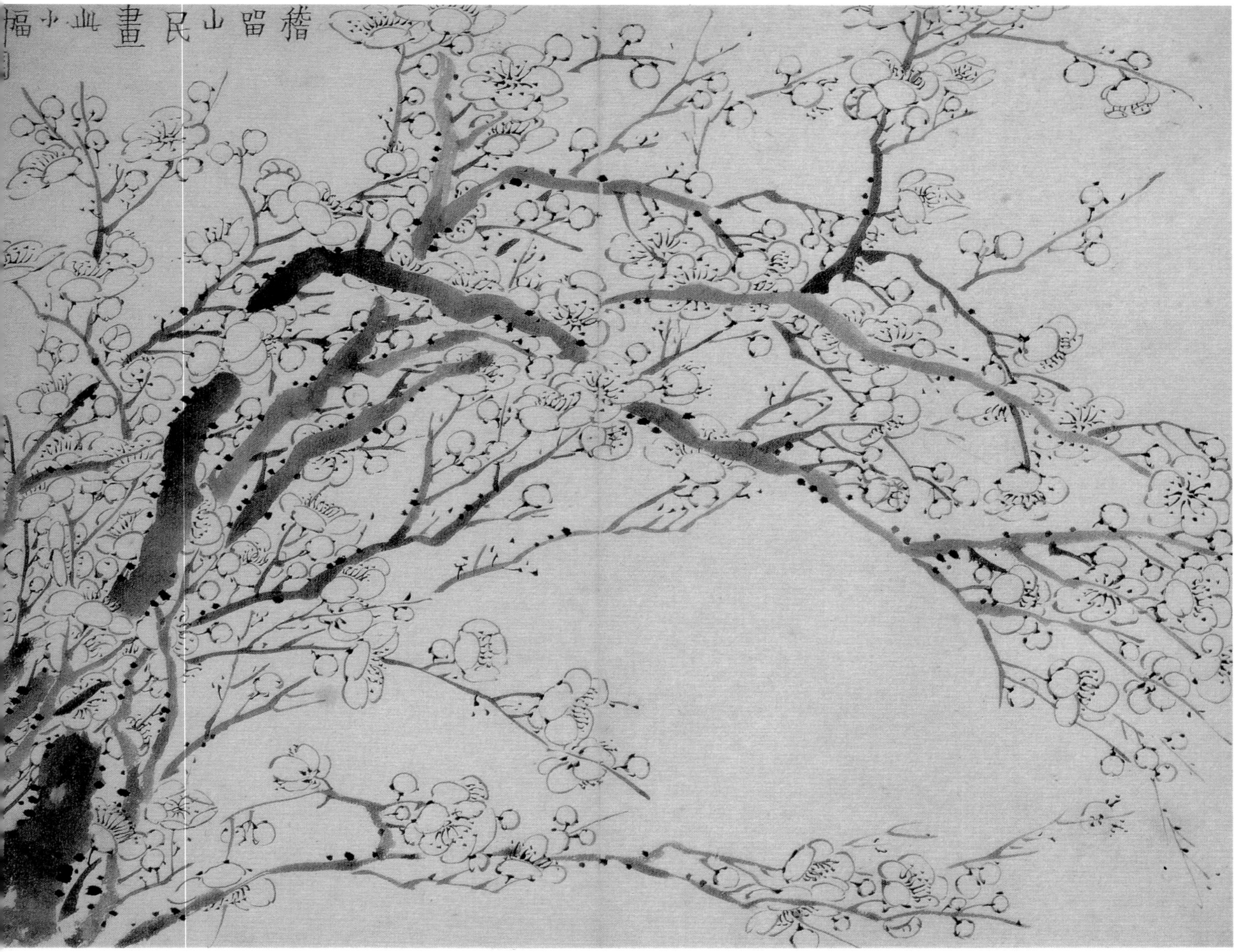

梅花册之二

野梅如棘紛中
人徃、編而為籬
若屏障然今
客揚州昔邪之
廬點筆寫之
前賢王冕辛
貢之流却未曾
畫出也乾隆丁
丑首春呵凍書
記是日苦師
訪不可不附書
從雙井求見
之百二硯田富
翁金農時年
七十有

梅花册之三

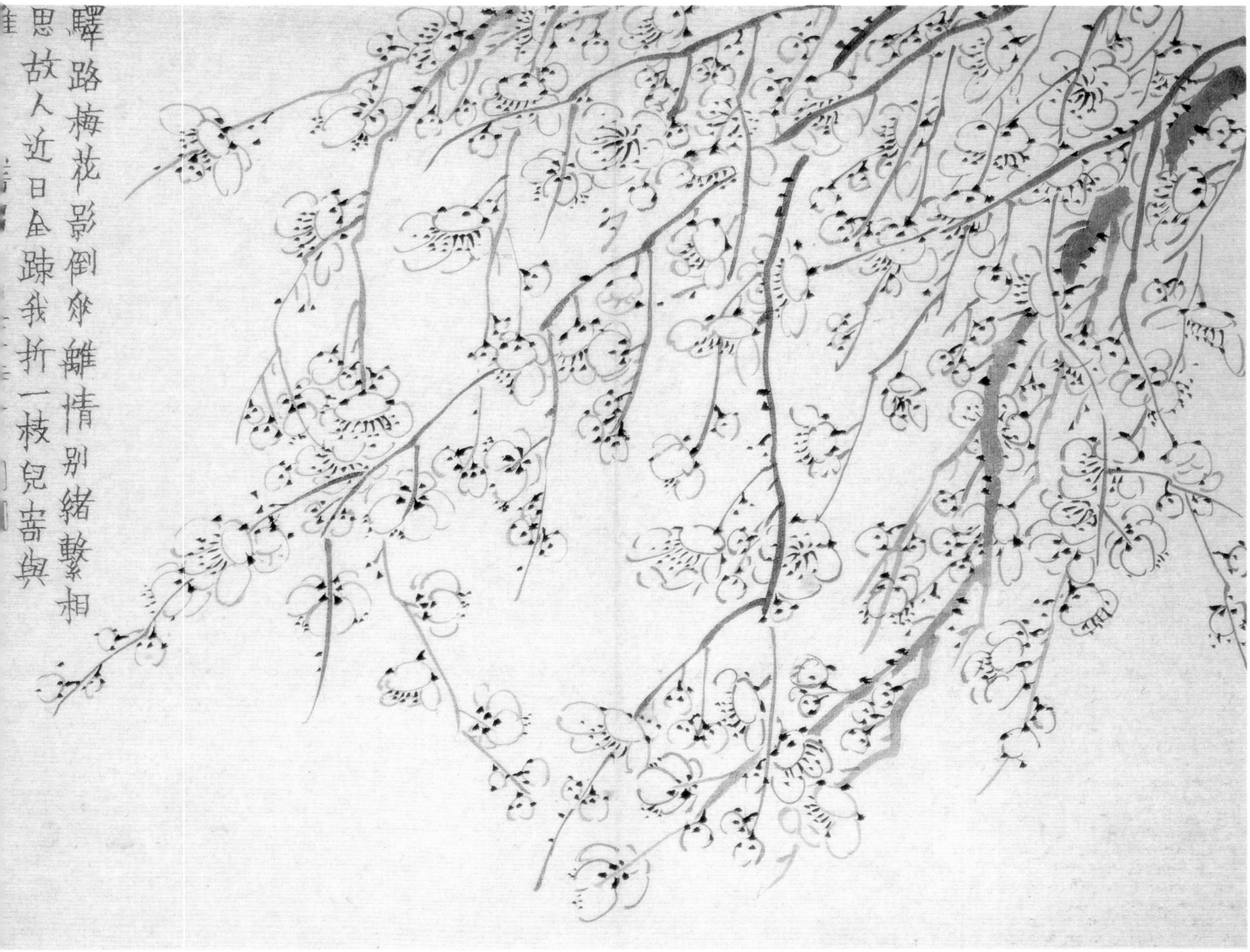

梅花册之四

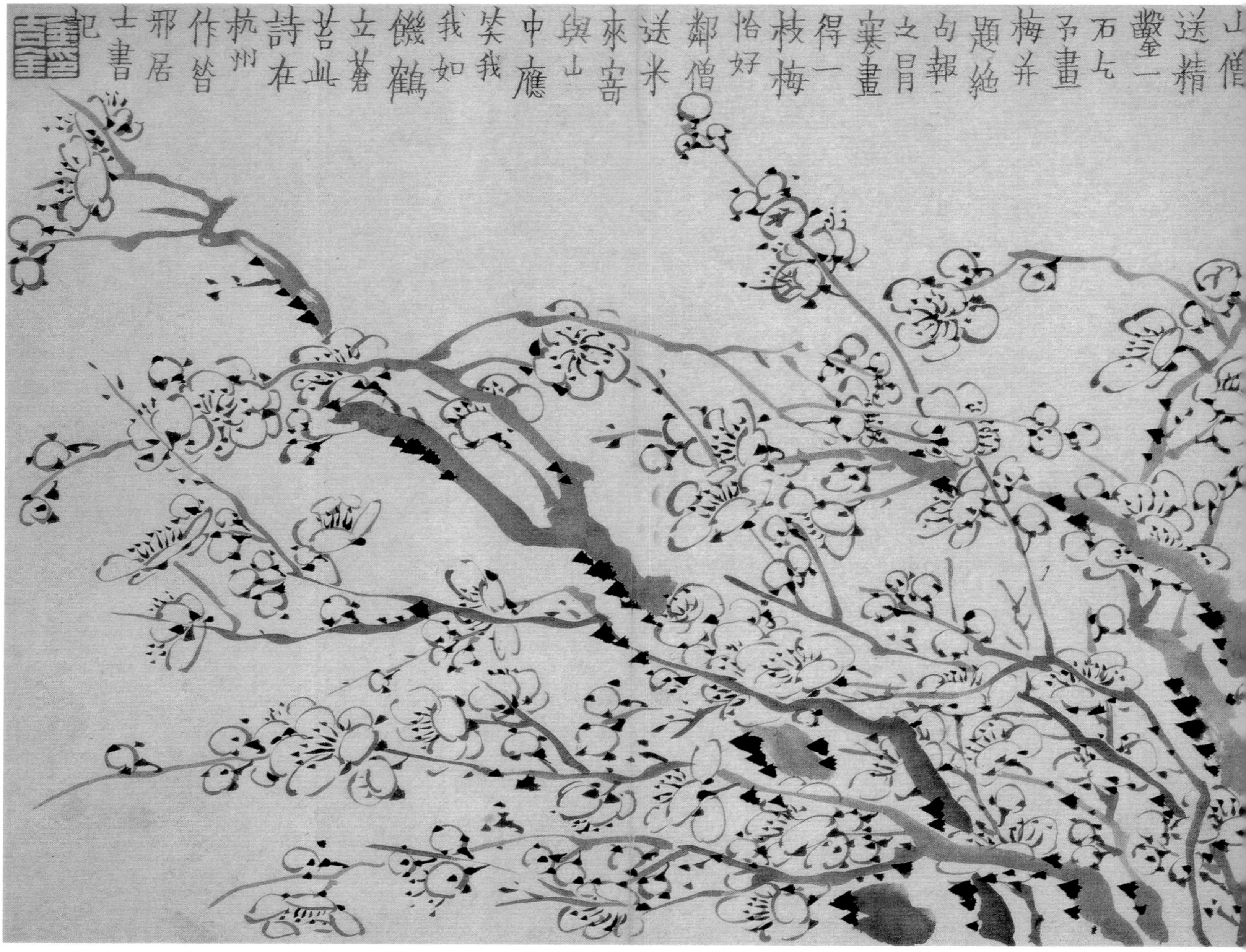

梅花册之五

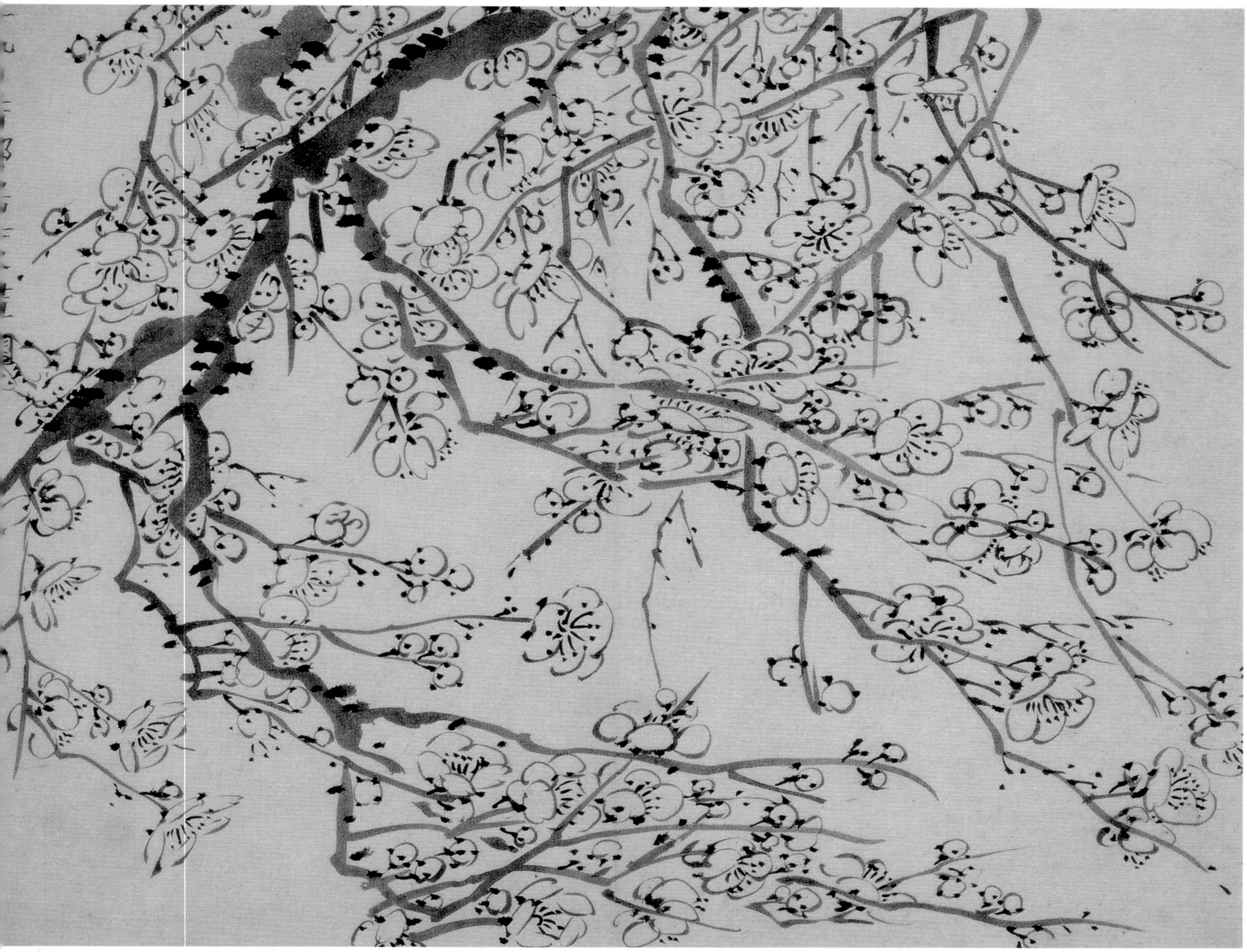
梅花册之六

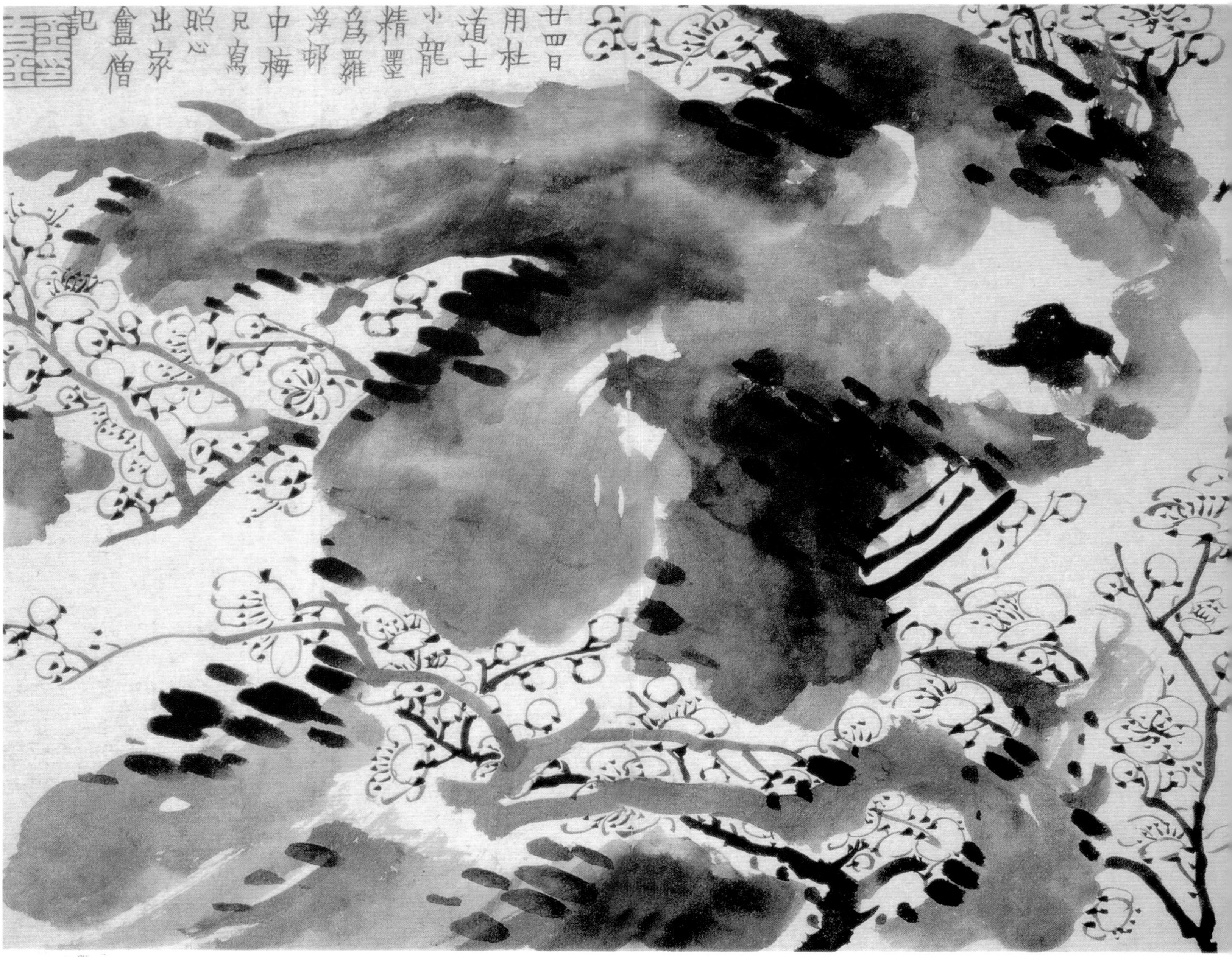

梅花册之七

梅花册之八

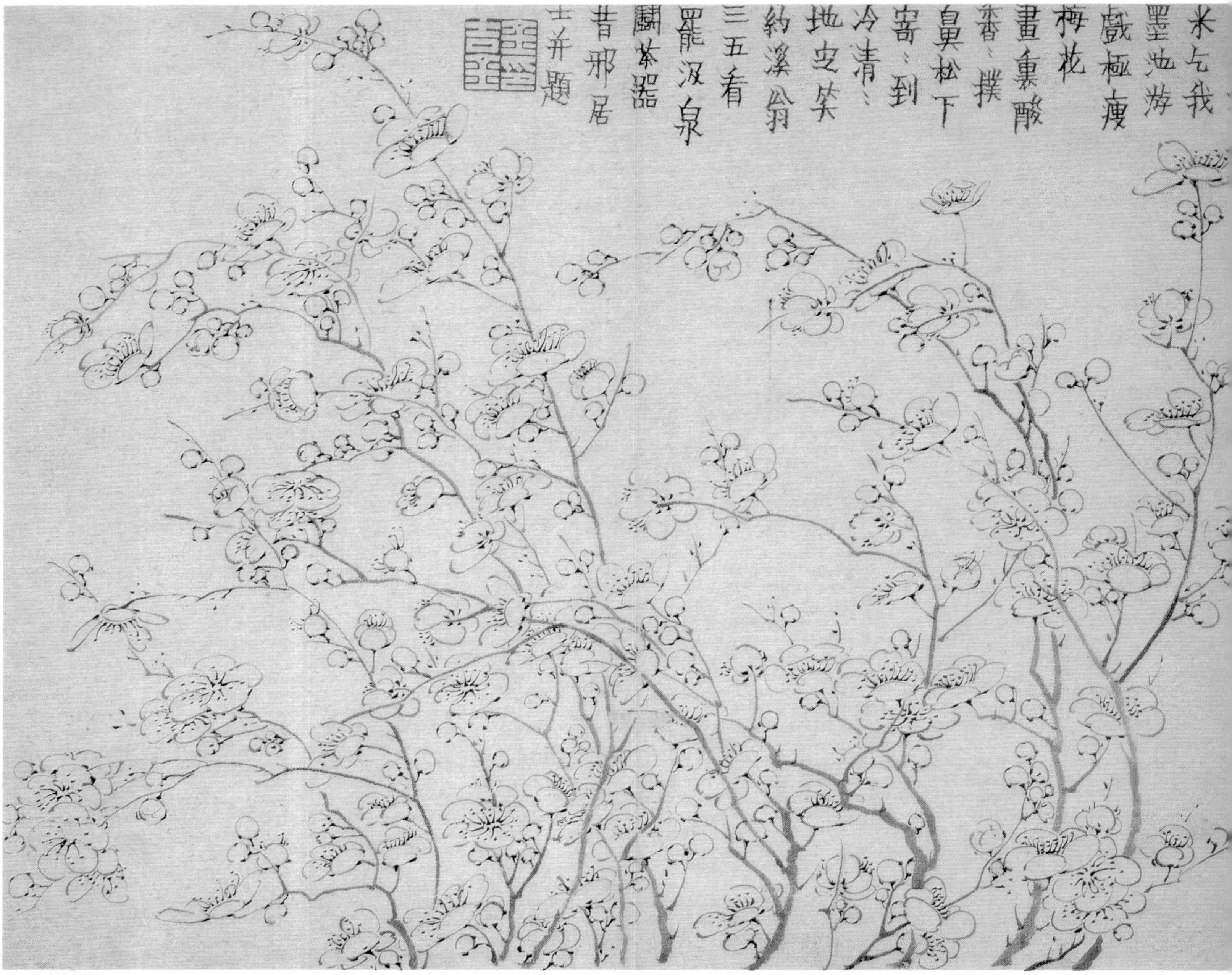

梅花册之九

吾郡孤山
下荒亭之
中有梅十
數橫斜多
能相傳逋
仙手植每
花時必吟
賞其側今
予客揚州
若號寒之
蟲墐户不
出追想風
格呵凍寫
此尚不失
其古貌也
恨無薛家
筆法添畫
襹褷六鶴
于左右耳
金吉金
書記

梅花册之十

梅花之十一

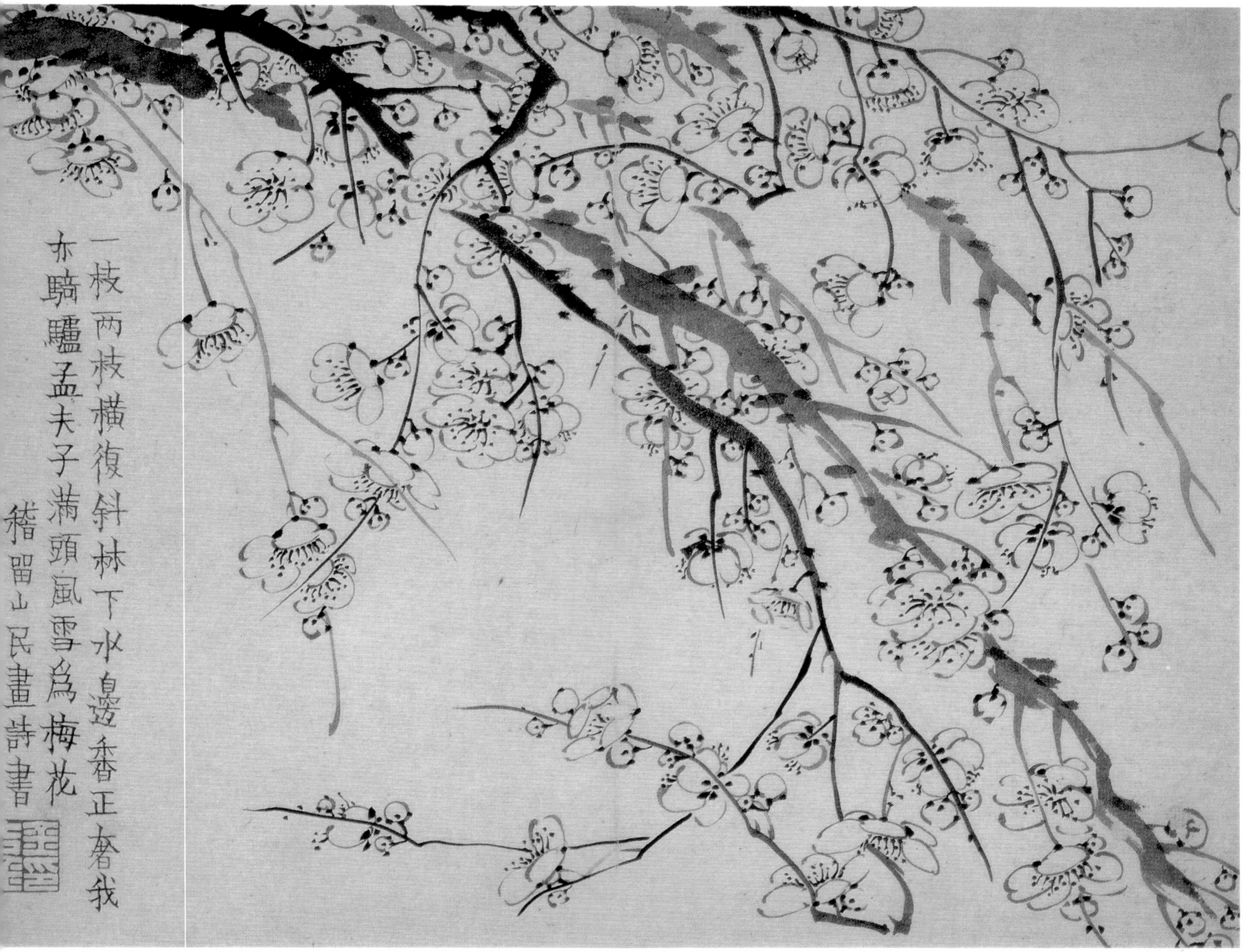
一枝兩枝橫復斜林下水邊香正奢我
亦騎驢孟夫子滿頭風雪爲梅花
稽留山民畫詩書

梅花册之十二

梅花册之十三

梅花册之十四

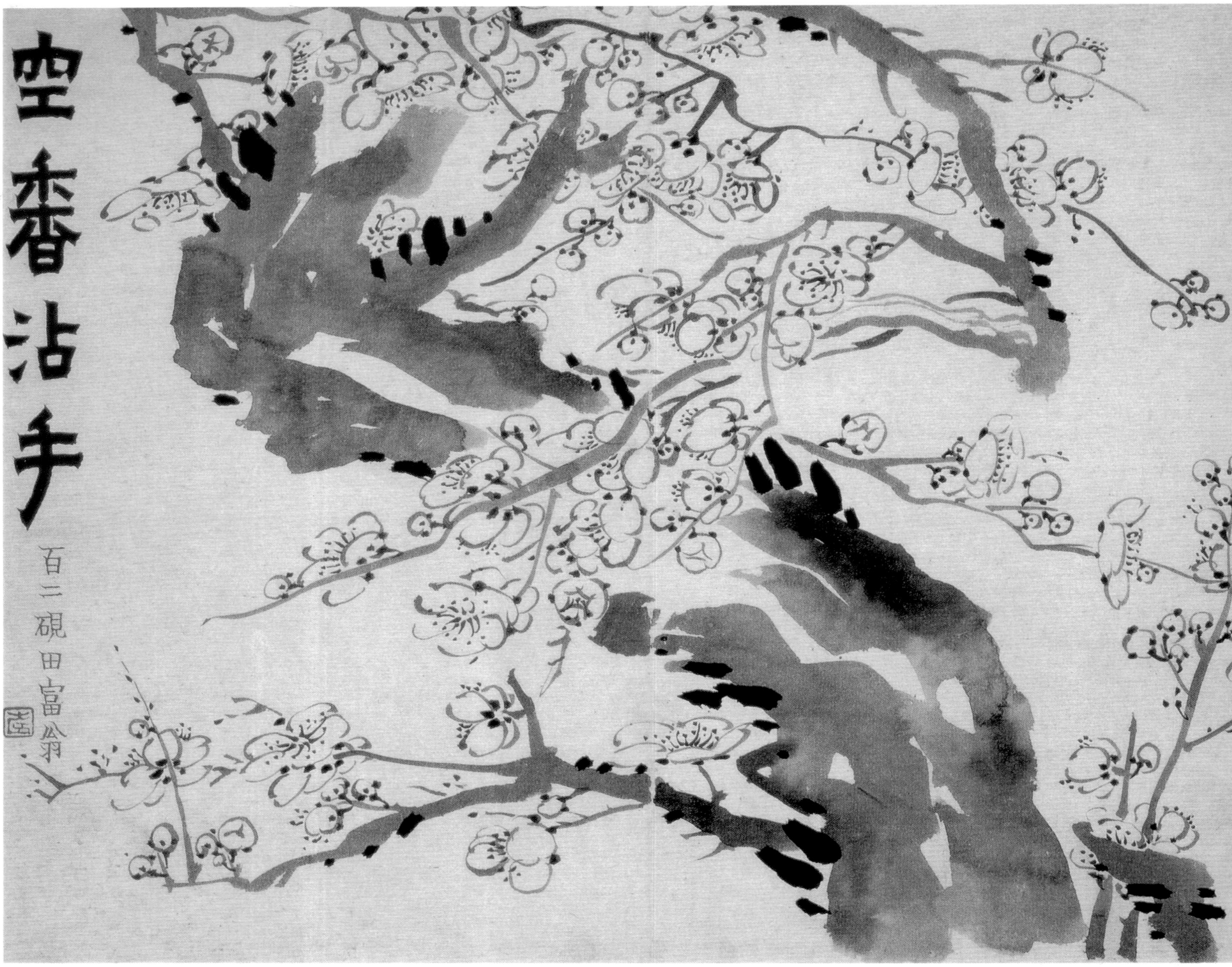

梅花册之十五

梅花册之十六

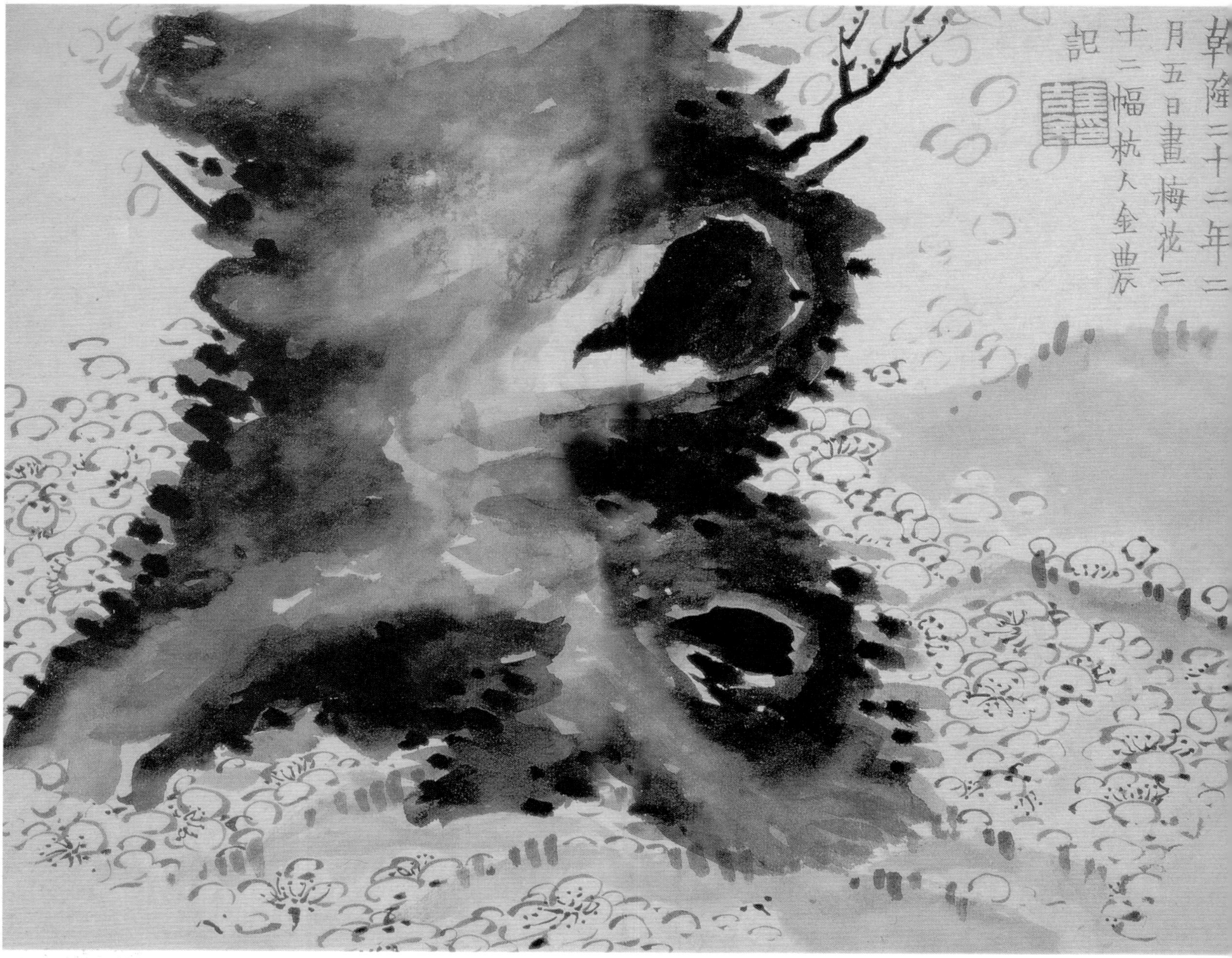
乾隆二十二年二
月五日畫梅花二
十二幅杭人金農
記

梅花册之十七

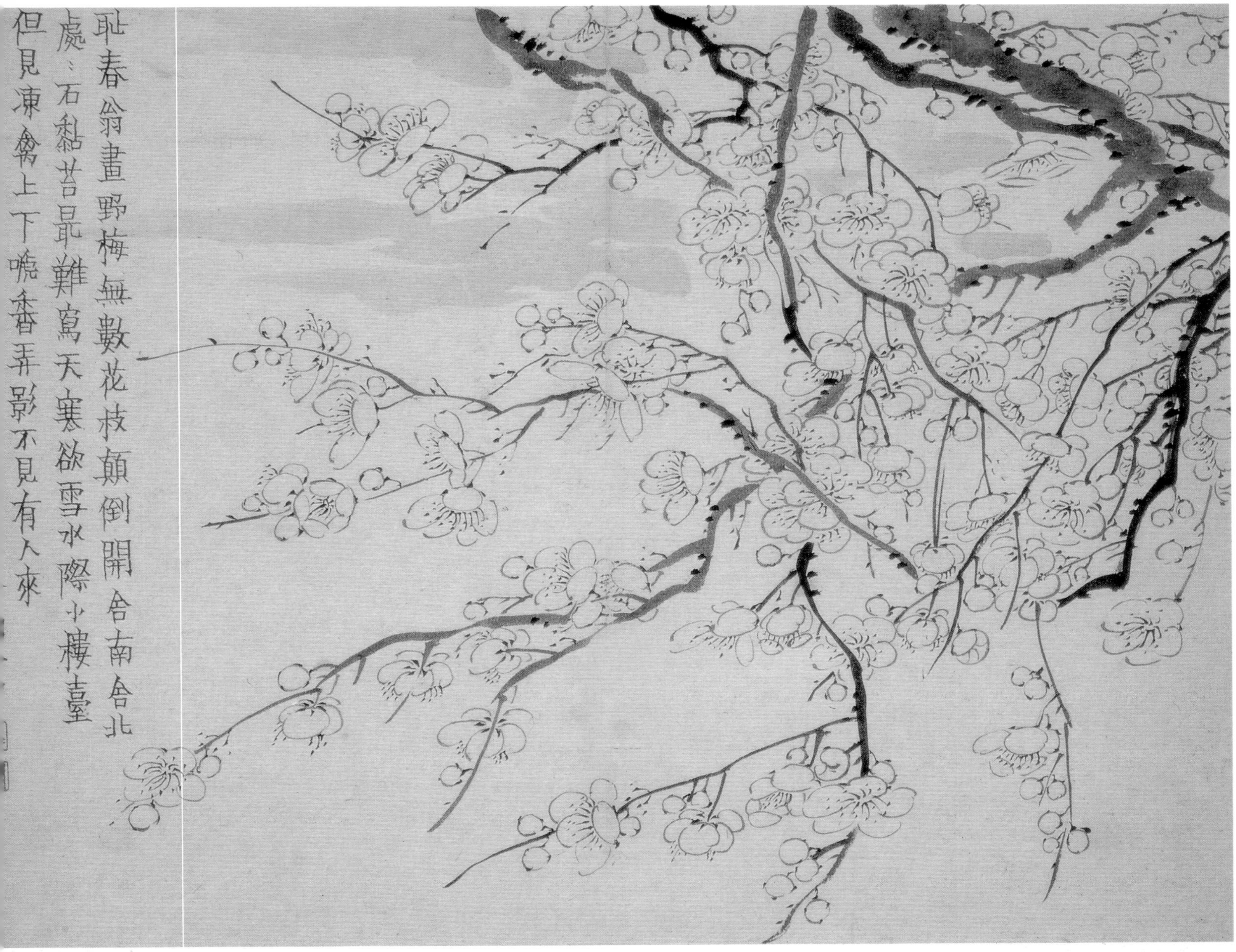
耻春翁畫野梅無數花枝顛倒開舍南舍北
處處石黏苔最雜窩天寒欲雪水際小樓臺
但見凍禽上下嗁香弄影不見有人來

梅花册之十八

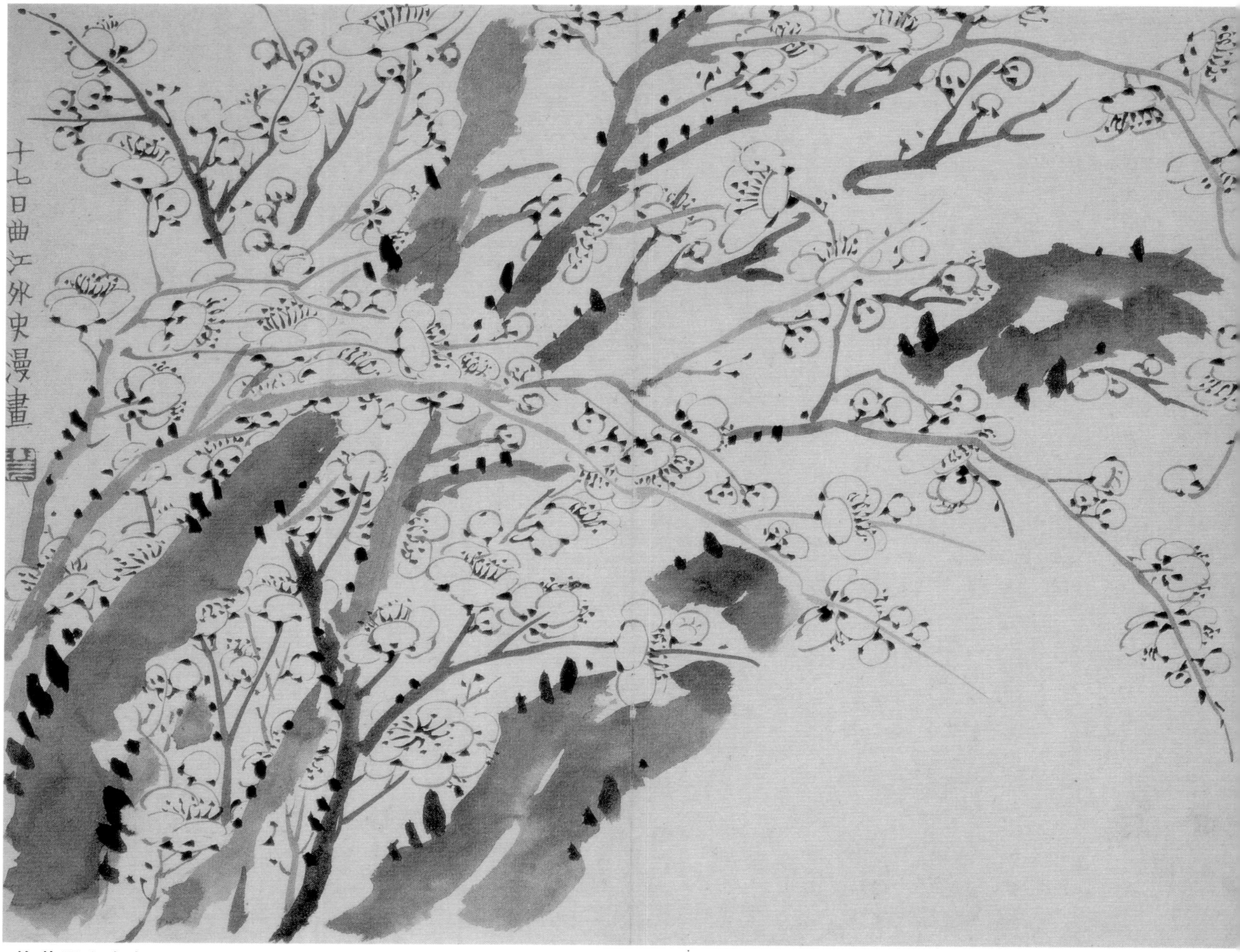

梅花册之十九

馬不肯住強我出游探梅去三里紅樓
高閣遍青旗賣酒處千枝萬朶春漫漫
肥䐋非酸寒果然地俗花便俗那及孤山
冷眼看一十八株風格古墓荒人遠今無
王湖光浸玉養精神顛倒橫斜難辨數凍蕊
坼時如雪堆扶笻繞林日百回最好歸船乘明月
暗香飛過斷橋來 曲江外史畫詩書

梅花三绝之一

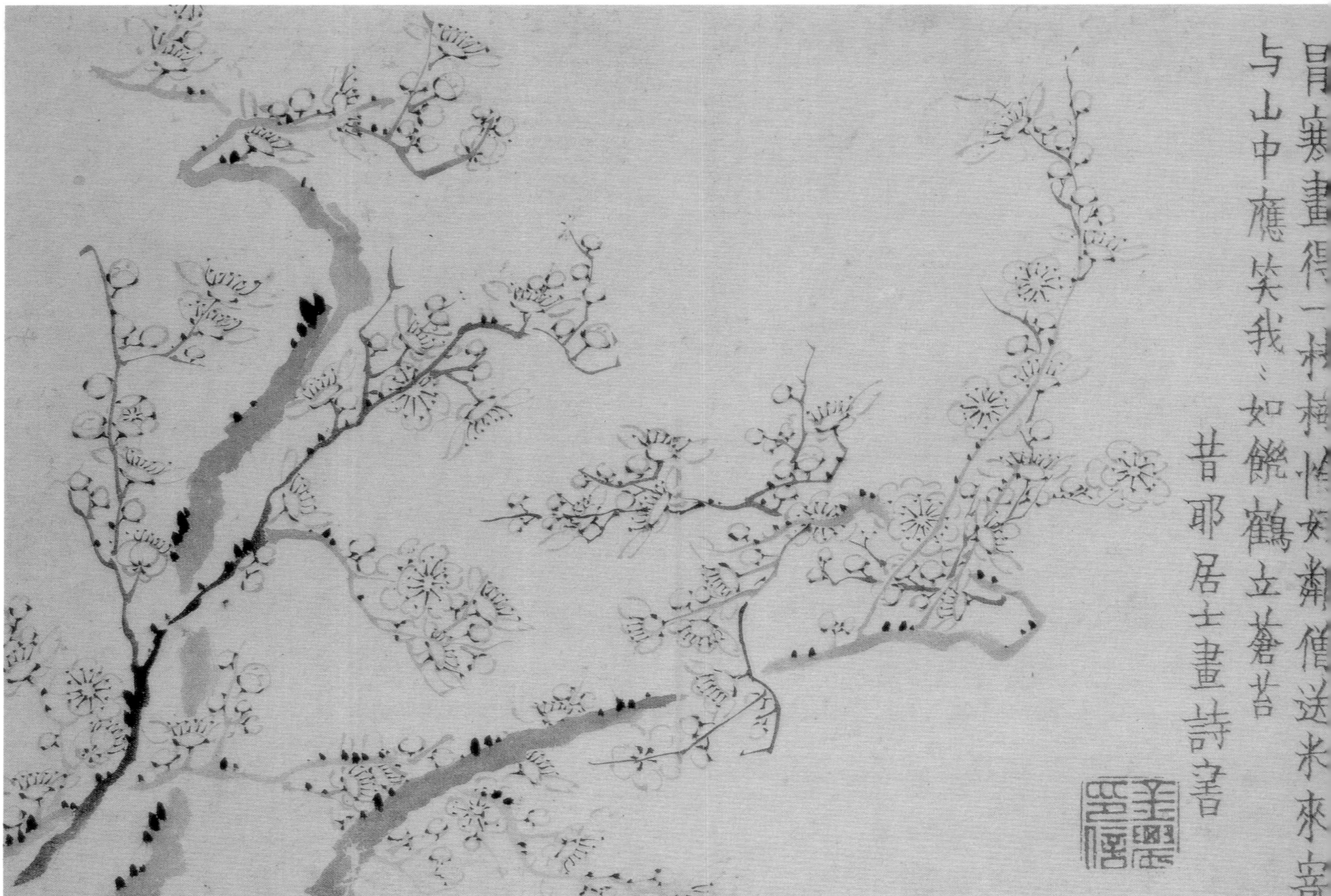

梅花三绝之二

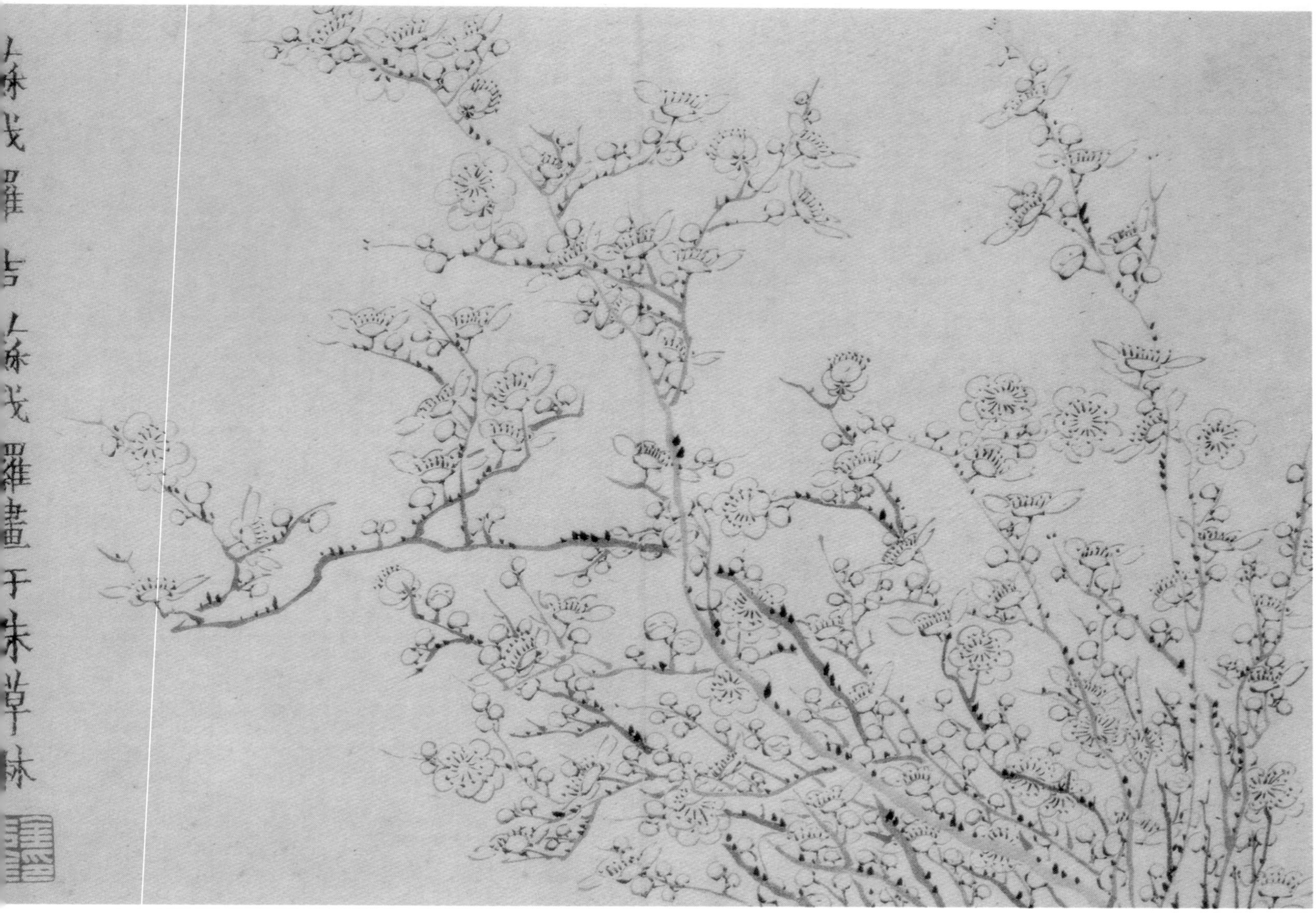

梅花三绝之三

图书在版编目（CIP）数据

中国历代名家作品精选．金农 / 牛志高主编．— 合肥：安徽美术出版社，2015.1

ISBN 978-7-5398-5376-5

Ⅰ．①中… Ⅱ．①牛… Ⅲ．①中国画—作品集—中国—清代 Ⅳ．①J222.2

中国版本图书馆 CIP 数据核字 (2014) 第 212062 号

中国历代名家作品精选
ZHONGGUO LIDAI MINGJIA ZUOPIN JINGXUAN

金　农
JIN NONG

牛志高　主编

出 版 人：武忠平
责任编辑：黄　奇　　图书策划：书中乐文化
封面设计：吴鹏浩　　责任校对：司开江　林晓晓
版式设计：北京盛世博悦文化传媒有限公司
出版发行：时代出版传媒股份有限公司
　　　　　安徽美术出版社（http://www.ahmscbs.com）
地　　址：合肥市政务文化新区翡翠路 1118 号出版传媒广场 14F　　邮编：230071
营销热线：13240077968　18911306576
营 销 部：0551-63533604（省内）
　　　　　0551-63533607（省外）
印　　制：天津市蓟县宏图印务有限公司
开　　本：787mm×1092mm　1/8　　印　张：13
版　　次：2015 年 1 月第 1 版
　　　　　2015 年 1 月第 1 次印刷
书　　号：ISBN 978-7-5398-5376-5
定　　价：98.00 元